AF281508

Un collar de cuero con hebilla y anillo de bronce

SALVADOR ÁVILA

Un collar de cuero con hebilla y anillo de bronce

Avisos de perros extraviados en la prensa
de la ciudad de México, 1784-1884

bubok
EDITORIAL

© Salvador Ávila

© Un collar de cuero con hebilla y anillo de bronce

Imagen de portada: Pintura de José Agustín Arrieta, *Escena popular en un mercado,* siglo XIX. (Dominio público).

Septiembre de 2025

ISBN Libro en papel: 978-84-685-9115-5
ISBN eBook en ePub: 978-84-685-9114-8

Depósito legal: M-19848-2025
SafeCreative: 2509093026259

Editado por Bubok Publishing S.L.
equipo@bubok.com
Tel: 912904490
Paseo de las Delicias, 23
28045 Madrid

Los hombres quieren a los animales porque ni siquiera son capaces de amarse a sí mismos. Colocan al perro en el lugar más alto de su hipocresía y preferirían salvar a su perro de la guillotina que a Voltaire. La humanidad no encuentra nada raro en cuidar más y atender mejor a los perros que a sus semejantes. Me permito calificar un mundo así de perverso y en el más alto grado inhumano y totalmente loco. La realidad es que, en este mundo la cuestión no es ya hasta qué punto es uno humano sino hasta qué punto es canino.

Anónimo (Francia, siglo XVIII)

Para B

Contenido

Introducción

A veces, contar la historia de las cosas sencillas resulta más complejo. En su libro *El conocimiento ordinario*, y de manera especial en el capítulo "Epistemología de lo cotidiano", el sociólogo francés Michel Maffesoli —director del Centro de Investigaciones sobre el Imaginario Colectivo y la Vida Cotidiana—, llama la atención sobre lo valioso que es para la sociología "la vida sin calidad", lo "misceláneo", lo "intrascendente", "la existencia compuesta de anécdotas y tragedias". "Todo esto —observa el autor— lo cubre la sociología, y es necesario que la misma reconozca que su deber es fincarse en lo cotidiano, que no es tanto un contenido como una perspectiva". Al igual que la sociología, los cultivadores de la historia social y de la historia de las mentalidades, han visto en "la vida sin calidad", en lo "intrascendente", su materia prima fundamental. Yo mismo me reconozco y me he formado como un historiador de lo cotidiano, es decir, como un historiador de las sensibilidades, las sociabilidades, los comportamientos y las mentalidades, y casi todas mis búsquedas están encaminadas en esa dirección.

En la investigación académica "seria", suele dejarse de lado la información pintoresca que, en muchos casos por no tener secuencia alguna o por ser difícil de cuantificar, no formará parte del producto final. Datos curiosos que se comentan entre colegas o simplemente son el regocijo del propio investigador. Sin embargo, este tipo de hallazgos, aún vistos de manera aislada, dicen mucho de la cosmovisión de una determinada cultura en un tiempo determinado. Por ejemplo, los inventarios de los objetos recibidos en las casas de empeño de la ciudad de México durante el siglo XIX, revelan cómo vivían las familias más pobres, cómo estaba constituido su ajuar doméstico y qué objetos eran considerados valiosos por esas personas, tanto desde el punto de vista económico como afectivo. En estos documentos también está presente la manera como se entablaba la relación entre "el que presta" y "el que pide prestado", así como la presencia o la ausencia de la mano de la justicia.

El inventario de prendas recibidas correspondiente a mayo de 1868 (plena restauración de la República), de la casa de empeños del señor Agapito Cortés en Tacubaya es, al mismo tiempo, todo un catálogo de sorpresas:

1. Mantel alemanisco viejo, empeñado en 4 centavos, valuado en 7.2.
2. Dos servilletas empeñadas por 2 centavos, valuadas en 3.3.
3. Tres servilletas de punto, empeñadas por 2 y valuadas en tres y medio centavos.
4. Dos delantales de indiana, empeñados por 2 centavos, valuados en 2.5.
5. Mantel alemanisco chico, empeñado en 2 centavos, valuado en 2.5.
6. Tres casitos chicos y cuatro sartenes picados, empeñados en 2 pesos y dos centavos, valuados en tres pesos.
7. Un sartén viejo estañado, empeñado en 3 centavos, valuado en 4.
8. Almirez con mano [mortero de metal pequeño], sartén y coladera, empeñados por un peso y cuatro centavos, valuados en dos pesos.
9. Asadera, empeñada en 4 centavos, valuada en 6.57.
10. Cacerola peltre vieja, empeñada en un peso, valuada en un peso y cuatro centavos.
11. Sartén con asa y plato, empeñados por 4 centavos, valuados en 5.5.
12. Dos cazos de seis libras, empeñados por un peso, valuados en un peso y cuatro centavos.
13. Sartén y cafetera vieja y picada, empeñados por 7 centavos, valuados en un peso y un centavo.

14. Una cacerola, dos budineras y dos cafeteras chicas viejas, empeñadas por un peso, valuadas en un peso y un centavo.
15. Cuchara de plata, empeñada por 4 centavos, valuada en 4.5.

Los inventarios de los objetos recibidos, las descripciones de los locales, las listas de tarifas, así como las multas, avisos y reglamentos de las casas de empeño, son evidencias inapreciables ya que nos proporcionan indicios no sólo de la vida cotidiana, sino de lo infra cotidiano y de lo cotidiano extraordinario. Lo opuesto a estos "simples" documentos, es lo que en el medio académico se conoce como "documentos monumento", aquellos testimonios donde quedó el registro de los grandes acontecimientos o de los personajes excepcionales. Los avisos de perros extraviados corresponden a los hechos "anecdóticos" o "intrascendentes", mismos que, sin embargo, pueden soportar infinidad de lecturas, preguntas e interpretaciones.

Con el propósito de conseguir un cuadro más acabado, a nuestro inventario de avisos añadimos un conjunto de pequeños ensayos. En el primero, tratamos de desentrañar el origen de la expresión *perro hijo*, terminó muy difundido en nuestros días y cuyo sentido al parecer entendemos todos. "El enigma de los perros poblanos" procede de la interpretación de los mismos insertos, en tanto que el texto acerca de la *Ley de contribuciones…* del 3 de octubre de 1853, obedece a nuestro interés por contextualizar y divulgar un documento que suponemos es poco conocido. El último apartado, "Manuel Payno y la matanza de perros callejeros", representa la cara opuesta de la moneda: la de los perros sin privilegios, sin dueño, perseguidos y masacrados a lo largo del siglo XIX, por decir lo menos.

Finalmente, dejemos que los perros fugitivos, perdidos, extraviados, nos lleven a recorrer la metrópoli. Al término de este trabajo el lector encontrará *una* nomenclatura de las calles de la ciudad de México, antigua y contemporánea, con el objeto de que pueda localizar las direcciones –la mayoría de ellas—, que se mencionan en los avisos.

§

Guardo para el final este reconocimiento. Soy de la vieja escuela. Tengo el hábito de consultar y citar libros y documentos en formato papel. Sin embargo, en esta ocasión rompí la regla. Casi todos los avisos de perros extraviados que transcribo en este trabajo, provienen de la Hemeroteca Nacional Digital de México, principalmente, y de la Hemeroteca Digital de la Biblioteca Nacional de España, lo que significa que los meses que invertí en la revisión del material en línea, de otro modo se hubieran traducido en años.

Para mí, casi un analfabeto digital, la consulta de estos acervos, de esta portentosa herramienta de trabajo, ha significado no solamente una nueva manera de indagar, sino también un nuevo modo de pensar la historia. Hago patente mi reconocimiento y gratitud a tan respetables instituciones. Ambos repositorios son asombrosos. No puedo ni imaginar el esfuerzo que hubo detrás de la digitalización de tantos y tantos periódicos, muchos de ellos restaurados previamente.

Perrhijos y perros extraviados

Es posible que el escritor y periodista potosino Pedro Amézquita, haya sido el primero en usar la expresión *perrhijo* o *perro hijo* en nuestro país. La palabra aparece en su cuento "No hace nada" –es decir, *no hace nada, no muerde*—, que el escritor publicó el 13 de julio de 1899 en *El Contemporáneo. Diario Independiente*, de San Luis Potosí. Hoy en día esta expresión es de uso corriente, y se utiliza para dar a entender el lugar de privilegio que tienen entre nosotros estos animales de compañía, sin ánimo de generalizar ni de ofender.

La narración "No hace nada", comienza con estas palabras: "Al que Dios no le da hijos, el diablo le da cosijos", es decir, una persona que ha sido criada como hijo sin serlo, o bien, hijo postizo o putativo. Más adelante podemos leer: "A Don Audomaro Alatriste y su apreciabilísima esposa, les ha dado el diablo, o mejor dicho el vecino de enfrente, un perrito de lanas monísimo, tan blanco como la nieve, y que parece una espuma, al decir de Doña Gervasia, que lo trae siempre tan limpio y peinado, pues no son otras sus atenciones que asear y mimar al *simpático* animalito y hacerle seis o siete veces al día el lazo del listón rojo que adorna su peludo cuello". El perrito se llamaba Palomo y llevaba el apellido de su padre humano: "Por supuesto que este *niño* mimado se llama graciosamente Palomo Alatriste, pues no habiendo tenido descendientes Don Audomaro, fuerza era legar su lindo apellido á algún ser viviente, aunque fuera de cuatro patas". En el cuento "No hace nada", el autor habla del amor "desequilibrado" que tenían por los perros no sólo doña Gervasia y don Audomaro, sino la mayoría de sus vecinos, que bautizaban a sus mascotas con los nombres más incoherentes: Normo, Rigoleta, Otelo, Peseta. Y aquí viene lo que a nosotros nos interesa subrayar: "Pero el perro de la otra vecina quien se precia de que sus animalitos no tienen nombres vulgares, se llama el Margotín, y es tal el amor que profesa a su *perro hijo*, que ya me tiene aburrido de oírla conversar todo el día con él". La expresión *perrhijo* o *perro hijo* se repite a lo largo de la narración.

El relato "No hace nada", es el mejor de los preámbulos para un trabajo como este, ya que detrás de los avisos que aparecían en los diarios de la ciudad de México hace un siglo o dos, en busca de perros fugitivos, debió existir un sentimiento parecido al que tenían doña Gervasia y don Audomaro por su perro

Palomo Alatriste. Este tipo de insertos o avisos eran numerosos, y en general estaban suscritos por personas con solvencia económica, lo que les permitía ofrecer a veces gratificaciones significativas: en 1844, el dueño de un "perro muy fino", ofreció a cambio de su rescate ¡tres onzas de oro! También la posición social de estas personas era evidente por el lugar en el que residían, por los apellidos que llevaban –incluso algunos de origen extranjero—, por el tipo de animal que reclamaban (galgos, perdigueros, bulldogs, chihuahuas, terranovas), y por las profesiones o actividades que desempeñaban: abogados, comerciantes, propietarios, empresarios, agentes de negocios, etcétera. La mayoría de estos avisos eran escuetos; otros, más prolijos, son casi retratos hablados y hasta se perciben ciertos permisos literarios. A modo de llamar la atención, en ocasiones se colocaba al margen de la nota la figura de un perrito: la primera vez en un inserto del 12 de julio de 1839. También es cierto que algunos de esos avisos dejan entender que en ocasiones los perros eran robados. El 27 de agosto de 1843, se publicó este inserto en el *Diario del Gobierno de la República Mexicana*, en el cual el dueño de un perrito advierte:

> De la primera calle del Rastro número 4, se ha estraviado un perrito chihuahueño, blanco y negro, que entiende por Fulanito; se ofrece una buena gratificación al que lo

entregue en la casa, bajo el concepto que se perseguirá como ladrón al que lo retenga y se le encuentre.

En el mismo sentido podemos considerar el siguiente aviso, que tiene la peculiaridad de haber sido publicado por José María Bocanegra. Este abogado y estadista fue presidente interino de México, en diciembre de 1829, durante un intento de golpe de Estado contra el presidente Vicente Guerrero.

A la diez y media de la mañana del día 2 de junio, se perdió un perrito chihuahua, prieto con el hociquito amarillo, la barriga y las patas lo mismo. La persona que lo hubiere hallado ó comprado, lo podrá entregar en la calle de San José el Real núm. 6, en la casa del Sr. Lic. D. José María Bocanegra, donde se le dará su gratificación. (*Diario Oficial del Gobierno Mexicano*, 4 de junio de 1860).

A propósito de si los avisos de perros extraviados debían ir firmados por sus autores, a principios de 1856 se creó una controversia entre los periódicos que aceptaban la medida y los que se oponían a ésta. Entre los primeros se encontraba *El Siglo Diez y Nueve*, quien, a decir de sus detractores, "interpretando la ley de imprenta a su antojo indica que hasta los avisos de venta de velas, molinillos, chocolate, mantequilla, etc., deben ir firmados". Por su parte, los editores de *El Ómnibus* opinaban que únicamente debían firmarse aquellos avisos "que se rocen con la policía o en los que se hagan alusiones personales", y de ninguna manera "los que se limiten a anunciar la pérdida de un perro, de un loro, de un canario –que sí ocurría—, etc.". Lo que podemos observar en los insertos que en seguida se reproducen, es que las rúbricas son aleatorias; un aviso de 1867 está firmado por el escritor Manuel Payno, y otro, del 31 de enero de 1880, por Nicolás Domínguez Cowan, célebre independentista, ajedrecista, escritor y abogado cubano exiliado en México, amigo entrañable de José Martí.

Lo que nos interesa destacar, es que, en su conjunto, los avisos de perros extraviados corresponden al tipo de posesiones que el sociólogo norteamericano Thorstein Veblen (1857-1929), denominó en su libro *Teoría de la clase ociosa*, "consumo suntuario". Es decir, aquel tipo de consumo que se realiza no por necesidad —en 1807, una persona buscaba una perrita doga que portaba un collar de plata—, sino para subrayar una diferencia de clase. Porque la recompensa que se ofrece es por animales únicos y distinguidos –¿cuántas personas en México podían tener un *perro habanero de presa* o una *perra danesa*?—, nunca o casi nunca por perros mestizos.

Ahora bien. ¿Cuál fue el destino de estos perros de alcurnia? ¿En qué momento comenzaron a secularizarse? Es decir, ¿cuándo empezaron a ser "consumidos" por el pueblo? Como podemos observar en nuestros materiales, los galgos fueron muy populares hasta el comienzo de la segunda mitad del siglo XIX; luego pasaron de moda, para volver a principios del siglo XX: los galgos o *greyhounds* eran traídos desde Estados Unidos para que corrieran detrás de las liebres. Porque el *coursing* fue un *sport* muy socorrido en esa época en México, o por lo menos en ciertos lugares de nuestro país. Estos animales se destinaron a las pistas de carreras, antes que a las familias o a los parques. La suerte de perros como bulldogs, caniches y chihuahuas, fue distinta: poco a poco fueron acogidos como animales de compañía por familias de estratos sociales diferentes.

Curiosamente, llama la atención que en el sinnúmero de avisos que revisamos —y en la miríada de documentos de toda índole que hemos analizado a lo largo del tiempo—, a los perros de casa se los llama falderillos, perros de falda, perros útiles o animales de compañía, pero nunca, o excepcionalmente, mascota. Aunque no lo parezca, esta palabra, que se traduce como talismán o amuleto, comenzó a asociarse con los animales domésticos hasta muy entrado el siglo XX. Al menos esta es nuestra hipótesis. Si no, cómo podemos interpretar la nota publicada en *El Diario*, el domingo 26 de abril de 1908.

AMULETOS PARA AUTOMÓVILES

En París es raro el automóvil que no lleve su mascota. La mascota o amuleto es una curación de todos los males. Tiene mucho que ver con el ocultismo. Basta colocar la mascota en el frente de la máquina y se puede desafiar a los gendarmes, los accidentes, la rotura de una pieza cualquiera [...]. Hay mascotas contra los perros, gallinas, asnos, etc., que se encuentran en los caminos y de esta manera pueden salvarse existencias animales.

Es decir, en ese entonces hasta un perro o un gato podía llevar prendido del cuello su propio amuleto o mascota. ¡Una mascota con una mascota!

En los periódicos de la ciudad de México del siglo XIX, los comunicados sobre perros extraviados, figuran en la sección de "Avisos", aunque también pueden encontrarse bajo el letrero de "Pérdida", "Encargo", "Hallazgo" y "Gratificación", entre otros. Estos insertos comenzaron a aparecer en los diarios de la capital del país —que es el espacio donde nos concentramos—, desde finales del siglo XVIII, para convertirse poco a poco en una constante, si bien es cierto que están ausentes en la prensa a lo largo de la guerra de Independencia, y son contados durante el segundo Imperio. Algunos de estos comunicados se anunciaban en dos o tres periódicos diferentes a la vez y a lo largo de varios días. De manera ocasional, había personas que colocaban avisos en los diarios no con la esperanza de recuperar a su perro perdido, sino para comprar o vender perros con características especiales. Por ejemplo:

> Se vende una perra de presa de dos años de edad y de calidad superior: quien guste comprarla ocurra á la casa número 3, junto a la pulquería de palacio. (*El Sol*, 21 de septiembre de 1823).

O bien, este otro anuncio, todavía más sugestivo:

> Se vende un perrito legítimo de Chihuahua, que por su pequeño tamaño y graciosa figura, se puede asegurar es de lo mejor que se puede encontrar en esta capital; la persona que se interese á él puede verlo y tratar de su precio en la sedería de la calle de Ortega. (*El Siglo Diez y Nueve*, 16 de mayo de 1851).

Los dos primeros avisos que contempla nuestro inventario corresponden al año de 1784, que son los más antiguos que pudimos localizar; el último, data de 1884, y obedece únicamente a nuestro interés por cubrir un siglo completo; aunque también es cierto que un espacio de tiempo tan dilatado nos permite tener una mayor perspectiva sobre el tema. La elección de los insertos no se debe a algún criterio en particular; se han recogido año por año, aunque de manera aleatoria. No dejamos de lamentar la exclusión de casos tan persuasivos como el siguiente:

$50 PESOS DE GRATIFICACION. Perra Caniche, negra, pelo largo, endrinado, orejas largas, pelada como león, rabona; mancha blanca en el pelo y hocico; entiende por Bobeta; perdida domingo Colonia Juárez; sin averiguación á quien tuviere á bien devolverla; avisar 5ta. de Hamburgo 96, ó Dulcería El Globo. (*El Pueblo,* domingo 8 de julio de 1917).

Sin exagerar, avisos como el anterior, o como muchos otros que están presentes, pueden leerse, con un poco de imaginación, como microcuentos o microrrelatos; o bien, pueden convertirse en el inicio de algunos de ellos. No son pocos los escritores —y algunos músicos, por cierto—, que han empleado las noticias y los anuncios de los diarios como punto de partida de sus obras. Me parece que fue el escritor Juan Bonilla quien señaló: «Como se sabe, Ernest Hemingway pescó el más impresionante micro relato escrito nunca en la página de anuncios de un periódico: "Se vende par de zapatos de bebé. Sin usar"».

Como dijimos, los avisos de perros extraviados publicados en los diarios de la ciudad de México, podían estar o no firmados por los interesados. Lo que no podía faltar era la descripción del animal, eventualmente la raza, la dirección a donde se lo podía entregar, así como la promesa de una recompensa o gratificación, si bien es cierto que en la mayoría de los casos no se especifica el monto. Con frecuencia se añadía: "sin hacer ninguna clase de averiguación". En muchas ocasiones se proporciona, además, el nombre del perro que se busca, siendo algunos de ellos ingeniosos: Zorongo, Zoraida, Fulanito, Bolero, Fígaro, Otelo, Apolo, Mejía, México, entre otros.

Uno no puede evitar conmoverse y celebrar hallazgos como el siguiente. El 14 de agosto de 1880, los editores del periódico *El Siglo Diez y Nueve*, incluyeron en sus páginas un aviso excepcional, aunque en apariencia común y corriente:

> PERDIDA. Víctor Hugo ha perdido su perro, *Sénat*, nombre que le puso desde el momento en que nació en Bélgica hace diez y siete años. Murió hace pocos días en la casa que en Hauteville posee el poeta y fue enterrado en el jardín de la misma. Llevó durante toda su vida un collar en el que Víctor Hugo había hecho grabar el siguiente dístico: *Me gustaría que alguien me llevara de regreso al albergue. ¿Mi condición? Perro; ¿Mi maestro? Hugo; ¿Mi nombre? Sénat.*

Un aviso de perros engañoso, y a la vez único e irrepetible. De esto hablamos cuando decimos que hay matices entre lo ordinario cotidiano y lo cotidiano extraordinario. Por lo demás, no fue a *Sénat* sino a *Ponto*, a quien Víctor Hugo dedicó el poema que termina con esta célebre frase:

> El perro es la virtud / que no pudiendo ser persona, se hace bruto. / Y me contempla *Ponto* con sus ojos honestos.

Avisos de perros extraviados en la prensa de la ciudad de México, 1784-1884[*]

ENCARGOS. A una persona de respeto se le ha perdido un perrito todo blanco con la oreja derecha desunida de su nacimiento, con una cinta encarnada en el pescuezo y dos cascabeles: quien se lo hubiere hallado ocurra á la Oficina de esta Gazeta y se le dará su hallazgo. (*Gazeta de México*, 25 de febrero de 1784).

ENCARGOS. Se venden dos Perros Havaneros de Presa, ensayados perfectamente. En la imprenta de la Gazeta darán razón. (*Gazeta de México*, 25 de agosto de 1784).

ENCARGOS. Se vende una punta de Galgos de los más excelentes que hay en el Reyno, todos nuevos, de uno á tres años: se hallan en el puente de Jesús María en casa de D. Raymundo Oqueli,

---

[*] Nota. Los textos recabados conservan la ortografía y sintaxis original.

con quien podrá tratarse su ajuste. (*Gazeta de México*, 9 de marzo de 1790).

PERDIDAS. Un perrito fino, medio cuerpo pelado, poco más de una cuarta de alto, en la calle segunda del Indio Triste número 2, casa del Fiscal de minería. Se ofrece hallazgo. (*Diario de México*, 21 de marzo de 1806).

PERDIDAS. Se dará media onza de hallazgo al que entregue un perrito fino, poblano, que se perdió en la calle de los Cordobanes, casa de D. Vicente Murillo núm. 13: es todo blanco con las orejitas medio negras, una pinta en el lomo, y otra junto á la cola, y otras semejantes en las manos. (*Diario de México*, 26 de abril de1806).

PERDIDAS. Un perro blanco, poblano, castrado, pelado de medio cuerpo abajo, y en la piel unas manchas oscuras del tamaño de medio real, y que entiende por Zorongo: entréguese al portero de la casa núm. 9, calle 2 de Plateros: se dará hallazgo. (*Diario de México*, martes 29 de julio de 1806).

ENCARGO. Unos perros grandes y feroces; al que quisiere venderos ocurra á la dirección general de pólvora, ó á la calle de Venero núm. 6. (*Diario de México*, 14 de diciembre de 1806).

Pérdida. El día 13 del corriente un perro sabueso, negro, con parte del pecho blanco, una lista blanca en la frente, y del mismo color la punta de la cola: ocurra quien supiere de él á la casa núm. 9 de la calle del puente del Espíritu Santo. (*Diario de México*, 16 de febrero de 1807).

Pérdidas. Un perro blanco de aguas, la tarde del Domingo de ramos; tiene una mancha negra en el lomo, una oreja idem y la otra pinta; ocúrrase con él á la calle de la Encarnación núm. 1, se dará hallazgo, ó el precio si se hubiere comprado (*Diario de México*, 29 de marzo de 1807).

Hallazgo. En la Real tercena de los naypes se entregará un perro sabueso, al que acredite ser su dueño. (*Diario de México*, 31 de mayo de 1807). [Tercena: almacén del Estado para vender al por mayor tabaco y otros efectos estancados].

Pérdidas. El martes 8 del corriente en S. Cosme, una perra, doga con su collar de plata: se suplica á quien la hubiere hallado la entregue en la encuadernación de la calle de S. Agustín. (*Diario de México*, 10 de septiembre de 1807).

Pérdida. El día 2 del corriente en la noche, un perro de presa, fino, color bayo, baxo, y hocico aplomado: ocurra quien lo hubiere hallado á la sastrería de la calle del Indio Triste. (*Diario de México*, 10 de noviembre de 1807).

Pérdida. El domingo á las dos de la tarde, una perrita fina; ocúrrase á la calle del hospital real núm 4, casa de los ciegos, al casero. (*Diario de México*, 19 de noviembre de 1807).

Hallazgo. El portero de la casa del Sr. Conde de Santiago, entregará una perrita fina. (*Diario de México*, 21 de mayo de 1808).

Venta. Por decreto del Sr. Decano del real tribunal de cuentas D. Pedro Monterde, juez comisionado para el inventario de los bienes del Exmo. Sor. D. Josef de Iturrigaray, y venta de aquellos que ocasionen gasto, está señalado el martes 11 del corriente, para verificar la de los perros galgos y sabuesos que se hallan en la casa de campo de Chapultepec, á cuyo efecto y que se instruyan de su valúo y demás, puedan ocurrir las personas que quieran comprarlos, al teniente escribano de cámara D. Ignacio Valle, y a D. Josef Mariano Falcón, administrador de dicha casa. (*Diario de México*, 7 de octubre de 1808).

Hallazgos. Una perrita toda blanca, fina: puede ocurrirse á la calle real de la Alcaicería núm. 7. (*Diario de México*, 26 de enero de 1809).

Pérdidas. El día 20 del corriente [junio], un perrito dogo con una quebradura en el ombligo: entréguese en el hotel de Medina. (*Diario de México* 10 de julio de 1809).

Hallazgos. Un perro de presa. Ocúrrase al mesón de Regina, cuarto número 6, donde se entregará á quien acreditare su dominio. (*Diario de México* 10 de julio de 1809).

ANUNCIOS. Se vende una perra de presa de dos años de edad y de calidad superior: quien guste comprarla ocurra á la casa número 3 junto á la pulquería de palacio. (*El Sol*, 21 de septiembre de 1823).

AVISO. Quien hubiere encontrado un perrito fino color blanco con manchas achocolatadas, orejas muy largas, y la derecha rajada, ocurra á esta oficina donde se gratificará con 5 pesos. (*Águila Mexicana*, 10 de junio de 1824).

AVISO. En la Segunda calle de la Monterilla número 6, en el entresuelo, se vende un perro inglés. (*El Sol*, 13 de junio de 1824).

AVISO. En la calle de los bajos de San Agustín se perdió ayer un perro inglés, blanco, mediano de tamaño, de pelo largo, y acude llamándole *Sport*; se ofrece un hallazgo correspondiente á quien lo presente en la oficina de este periódico. (*El Sol*, 1 de abril de 1825).

Avisos. Quien se hubiere hallado un perro amarillo, gordo, grande y mocho, ocurra al estanquillo de la 2da. calle de Plateros donde se le dará una buena gratificación. (*El Sol*, 21 de noviembre de 1825).

Avisos. Quien hubiere hallado una perrita de <u>Chihuagua</u>, muy pequeña, color de rata, que se estravió de la casa núm. 2 de la calle de Capuchinas el domingo 15 del corriente, se le suplica la entregue en dicha casa, donde se le dará su gratificación. (*El Sol,* 22 de enero de 1826).

Avisos. En la casa núm. 1 calle de S. Felipe Neri, se dará una buena gratificación al que presentare ó anunciare donde pára una perra galga, fina y de color negro que falta de dicha casa desde ayer. (*El Sol*, 24 de noviembre de 1826).

Avisos. El día 20 del que fina se perdió en la Alameda un perro de agua negro con una lista blanca de la barba al pecho, y no habiendo aparecido se suplica á la persona que lo tuviere, le dé libertad para que ocurra a su casa. (*El Sol*, 29 de diciembre de 1826).

Avisos. De la casa número 2, de la segunda calle del Relox se ha perdido un perrito de la raza Chihuahua, blanco con algunas manchas pardas muy obscuras: la persona que tuviere noticia de su paradero, ocurra al portero de la dicha casa donde le darán una buena gratificación. (*El Sol*, 4 de marzo de 1827).

HALLAZGO. Sres. editores del Aguila: El año de 1824, estando en el Coliseo, no me acuerdo qué noche, acabada la comedia que quedaron los palcos solos, observé en uno de ellos á un animalito bonito; luego lo mandé bajar y me lo llevé en brazos á casa, con ánimo de pesquizar su dueño para dárselo, como lo he verificado en todo este tiempo, y nada he conseguido. En el día está mi familia muy engreída con él por sus gracias; pero a pesar de esto, quiero hacer la última diligencia, suplicándoles á VV. lo pongan en su periódico, para que la persona que lo perdió ocurra á la reloxeria del ciudadano Juan Santelices, segunda calle de Plateros, y adivinando qué perro es, su color y señas que tiene bastante notables, se le entregará, dando un corto hallazgo que sea capaz de compensar, no los costos de su manutención, sino los que han sido preciso emprender para su cuidado y conservación en tres años. Su servidor de VV. Q. S. M. B.— Cruz Aguilar. (*Águila Mexicana*, 30 de septiembre de 1827).

Avisos. El martes 4 del corriente se salió de la casa núm. 15 de la calle de Tlapaleros, un perro galgo negro, se suplica á quien sepa de él lo participe en dicha casa, en donde se gratificará. (*El Sol*, 6 de diciembre de 1827).

Avisos. El día 19 del corriente [noviembre] se perdió un perro galgo prieto, á quien lo entregue en la calle de Capuchinas núm. 13 se le dará una gratificación. (*El Sol*, 6 de diciembre de 1827).

AVISOS. El día 4 del corriente se perdió un perro grandote de presa, estatura alta, pelo moro [color negro o muy oscuro], cabeza gruesa, orejas cortadas, cola larga, el mismo que pusieron en la plaza de toros. Suplica el dueño al que lo tenga lo entregue á la fonda núm. 5 de la calle de san Francisco, casa de los señores Pauli y Lorenzo, que darán una buena gratificación. (*El Sol*, 15 de diciembre de 1827).

AVISOS. El día 12 del corriente se ha perdido un perrito como de tres meses de edad, perdiguero, fino, pardo y blanco, salpicado de pardo también: á la persona que lo entregue en la calle de Balvanera número 8, se gratificará. (*El Sol*, 13 de julio de 1828).

AVISOS. Se ha perdido un perrito de Chihuahua color achocolatado y una mancha larga en la frente, con otras señas que se darán si se ofreciere; y a la persona que lo entregue en la casa núm. 7 de la calle del Refugio, se le gratificará como corresponde. (*El Sol*, 21 de octubre de 1830).

AVISOS. El miércoles 16 del corriente se robaron de la casa núm. 1 de la calle del Puente de la Leña, una perrita chihuahueña, blanca, con dos pintas coyotas, una en el ojo izquierdo y otra en la cola: se suplica al que supiere en poder de quién para, que lo avise en la espresada casa, donde se gratificará. (*Gazeta del Gobierno de México*, 17 de marzo de 1831).

AVISOS. Ha desaparecido el 24 del corriente un perrito como de tres meses de nacido, raza Terranova, color blanco en el cuerpo, castaño en la cabeza, pero blanco también junto á la nariz, orejas y cola largas. Cualquier persona que dé noticia de su paradero ó lo presente á su dueño, preguntando al portero de la calle de Donceles núm. 11, recibirá una excelente gratificación. (*Gazeta del Gobierno de México*, 25 de mayo de 1832).

AVISOS. Se ha extraviado un perrito galgo prieto, con sólo los puntos de los cuatro pies y la estremidad de la cola y el pecho blancos; tenía al pescuezo un collar de cuero con hebilla y anillo de bronce. La persona que diere razón de él, ó lo entregue en la calle de Sta. Clara núm. 6, recibirá una gratificación. (*Gazeta del Gobierno de México*, 2 de octubre de 1832).

AVISOS. Se ha estraviado un perrito galgo, blanco, con manchas color de tierra: responde al nombre de Trueno. La persona que de noticia de él ó lo traiga á la casa núm. 9 de la calle [del Arco] de San Agustín, recibirá una recompensa. (*Gazeta del Gobierno de México*, 11 de diciembre de 1832).

PERDIDA. El día 16 del corriente se perdió un perro de presa de color canelo, y en el pescuezo una mancha blanca, con las orejas y cola cortadas á la inglesa; entiende al nombre de *Shein*, es como de tres meses de edad: la persona que lo entregue al portero de la casa núm. 8 calle de las Capuchinas, se le dará una buena gratificación. (*Gazeta del Gobierno de México*, 19 de abril de 1833).

AVISOS. Se ha estraviado una perra galga grande color amarillo oscuro con pintas blanca pequeñas y redondas, semejante al color de un cervatillo, y entiende al nombre de *Faney*: la persona que la conduzca a la calle de don Juan Manuel número 10 será gratificada. (*Gazeta del gobierno de México*, 11 de febrero de 1834).

AVISOS. Se ha estraviado de la calle de San Agustín número 9 una perra galga, color de ceniza. La persona que la entregue en dicha casa recibirá una gratificación. (*Gazeta del Gobierno de México*, 19 de febrero de 1834).

ENCARGO. En la calle de S. Agustín núm. 3 se solicitan perros galgos de caza, hembra y macho: quien quisiere venderlos puede ocurrir al indicado paraje. (*Gazeta del Gobierno de México*, 23 de octubre de 1834).

PERDIDA. Se ha perdido un perrito dogo, negro azabache, con una manchita blanca en el pecho, de la casa núm. 6 de la segunda calle de

Damas, arriba de la botica. Se suplica al que lo hubiere encontrado, ó sepa de él, lo entregue ó avise en la misma casa, donde se gratificará como corresponde. (*Gazeta del Gobierno de México*, 20 de diciembre de 1834).

PERDIDA. La persona que hubiere encontrado un perro pachón de caza, que tiene el pelo largo, orejas grandes, de color de chocolate, rabo corto peludo, y guste entregarlo en la botica de Cervantes, se le dará una buena gratificación. (*Gazeta del Gobierno de México*, 29 de enero de 1835).

AVISO. El 26 del presente se ha extraviado de la calle de Vergara núm. 3 un perrito chihuahua muy pequeño, blanco, con pintas negras. Sobre los dos ojos tiene unas manchas también negras, las orejas cortadas, y es muy manso. Se suplica á la persona que lo tenga ó sepa de él, lo entregue ó de aviso en dicha casa, donde se le dará una buena gratificación. (*Diario del Gobierno de los Estados Unidos Mexicanos*, 27 de febrero de 1835).

AVISO. La persona que hubiere hallado un perrito prieto de Chihuahua, muy fino, tamaño regular, muy senseñito [delgado o enjuto], toda la parte del pecho blanca, dos manchas pequeñas cuapastles [color leonado que tira a café] arriba de los ojos, y la extremidad de la cola blanca, ocurra al núm. 1 de la esquina de la Alameda y callejón de López, donde se le dará una buena gratificación. (*Diario del Gobierno de los Estados Unidos Mexicanos*, 14 de marzo de 1835).

AVISO. Se ha extraviado una perrita amarilla con el hocico negro y las patas blancas: á quien la entregue en la calle del Puente Quebrado casa núm. 6, se le gratificará. (*Diario del Gobierno de los Estados Unidos Mexicanos*, 21 de abril de 1835).

Pérdidas. La persona que hubiere encontrado un perro pachón de caza, que tiene el pelo largo, orejas grandes de color chocolate, rabo corto peludo, y gusten entregarlo en la botica de Cervantes [calle de Santa Teresa la Antigua], se le dará una buena gratificación. (*Gazeta del Gobierno de México*, 29 de noviembre de 1835).

AVISO. Se ha extraviado un perrito blanco rabón, de casta inglesa. Quien lo hubiere encontrado se servirá entregarlo en la calle de D. Juan Manuel núm. 6, donde se le dará una gratificación de diez pesos. (*Diario del Gobierno de la República Mexicana*, 21 de marzo de 1836).

AVISOS. A la persona que se hubiere hallado un perrito chiquito, poblano, blanco, con manchas negras, pelado del medio cuerpo, con una lastimadura junto á un ojo, ocurra á la calle de Medinas núm. 17, y recibirá una buena gratificación. (*Diario del Gobierno de la República Mexicana*, 2 de abril de 1837).

AVISOS. La persona que se hubiere hallado un perrito chiquito de agua, que entiende por el nombre de Bolero, el cual se perdió el 22 del presente julio en la calle del Águila, ocurra á entregarlo á la segunda calle de Santo Domingo núm. 5, en la cerería, donde se le dará su gratificación. (*Diario del Gobierno de la República Mexicana*, 24 de julio de 1837).

GRATIFICACION. De la casa núm. 3 de la calle de Cadena se ha estraviado una perra amarilla muy cabezona, de la raza de Bull-Dog; se suplica á quien la encuentre la entregue inmediatamente en dicha casa, donde recibirá una buena gratificación. (*Diario del Gobierno de la República Mexicana*, 27 de enero de 1838).

AVISO. En la tarde del 22 se perdió en el paseo de la Viga, una perrita negra galga chihuahueña, con pecho blanco, una lista blanca en la cabeza, una motita id. en la cola, y una bola en la tripa por estar relajada: se suplica á la persona que la haya encontrado la entregue en la calle de la Palma núm. 3, donde se dará una gratificación. (*Diario del Gobierno de la República Mexicana*, 23 de abril de 1838).

AVISO. Se suplica á la persona que se hubiere hallado una perrita mulata achocolatada, con los cuatro pies y el pecho blanco, ocurra á la oficina de este periódico, donde se le dará una gratificación. (*Diario del Gobierno de la República Mexicana*, 29 de abril de 1838).

RECOMPENSA. En la calle de la Alcaicería número 15, entrando por la de Tacuba, se recompensará generosamente á la persona que entregue un perrito de aguas, que se extravió el 19 del actual [julio] por la tarde, entre las calles de las Damas y la de Tiburcio. Sus señas son las siguientes: blanco de cuerpo, cabeza y orejas color castaño, con una manchita blanca en medio de esta, y otra grande del mismo color castaño junto á la cola. Está recientemente afeitado á navaja de medio cuerpo abajo, con mucha curiosidad. (*Diario del Gobierno de la República Mexicana*, 1 de agosto de 1838).

PERDIDA. Se extravió una perrita de la casta inglesa llamada Bulldog, de color pardo, con manchas pardas sobre el ojo y la pierna izquierda: no tiene cortada las orejas ni la cola. Quien la entregue en la casa núm. 6 de D. Juan Manuel, tendrá una buena gratificación. (*Diario del Gobierno de la República Mexicana*, 29 de diciembre de 1838).

PERDIDA. En el tránsito de San Cosme á la calle de Cadena se estravió el 5 ó 6 del presente una perra galga aplomada que entiende por el nombre de Diana. Se suplica á la persona que la encontrare, la entregue al portero de la casa núm. 3 de la calle de Cadena, donde se dará la correspondiente gratificación. (*Diario del Gobierno de la República Mexicana*, 14 de mayo de 1839).

PERDIDA. De una perrita prieta de raza chihuahua, con una manchita blanca sobre una mano, y otra en el pecho, con medio cuerpo tusado: se suplica á la persona que la hallare, ocurra al estanquillo de Corpus Cristi, de donde se perdió el día 15, y entregándola se le dará su gratificación. (*Diario del Gobierno de la República Mexicana*, 16 de mayo de 1839).

AVISO. De la casa núm. 5 de la calle de San Agustín, se ha desaparecido un perro de agua, nuevo, no muy fino, blanco, con las orejas y el hocico color canela: sigue á la voz de *Fiel*. Se dará una recompensa á la persona que lo entregue en dicha casa, ó indique su paradero. (*Diario del Gobierno de la República Mexicana*, 12 de julio de 1839). [Esta es la primera ocasión donde la figura, una viñeta, de un perrito precede el texto del aviso].

AVISO. Habiendo desaparecido de la casa núm. 6 de la calle de S. Agustín, el mozo Sebastián Martínez, robándose una perra perdiguera, muy fina, achocolatada, sigue á la voz de Zoraida: á la persona que diere razón, ó indicare su paradero, se le dará una gratificación en dicha casa. (*Diario del Gobierno de la República Mexicana*, 15 de noviembre de 1839).

AVISOS. Ayer se ha perdido una perra danesa, manchada de negro y blanco, su dueño vive en la calle de Vergara casa núm. 10, cuarto núm. 16, y ofrece una gratificación á la persona que se la lleve. (*Diario del Gobierno de la República Mexicana*, 14 de febrero de 1840).

AVISOS. Habiéndose estraviado en S. Cosme un perrito amarillo, se le gratificará á quien lo entregare en la calle de la Palma núm. 5. (*Diario* del *Gobierno de la República Mexicana*, 26 de febrero de 1840).

AVISO. La persona que haya encontrado una perra pinta, de raza de Terranova, podrá llevarla á la calle de don Juan Manuel núm. 10, donde se le gratificará. (*Diario del Gobierno de la República Mexicana*, 18 a 25 de noviembre de 1841).

AVISO. A la persona que se hubiere hallado una perrita chihuahueña, ó á la que se la hubieren vendido, se le suplica la mande entregar en la calle de la plazuela de la Santísima número 2, donde al dar las señas de ella, se le dará una gratificación regular. La perra se perdió el día 23, á las nueve de la mañana. (*Diario del Gobierno de la República Mexicana*, 25 de noviembre de 1841).

AVISOS. El domingo 20 del corriente, se perdió en la Alameda, una perrita perdiguera color de café, con manchas amarillas abajo de las quijadas y en los ojos, los pies y manos, con pelo y rabo largo. Se suplica á la persona que la tenga, la entregue en los entresuelos chicos del Sr. conde del Valle, callejón de la Condesa, donde se le dará una buena gratificación. (*Diario del Gobierno de la República Mexicana*, 22 de febrero de 1842).

AVISO. El día 7 del actual se ha estraviado de la calle de San Bernardo número 19, una perrita chihuahueña, chata, de color bayo y muy gorda, que entiende al nombre de Fineza. A la persona que la hubiere hallado, ó en cuyo poder esté, se le suplica la entregue en la citada casa, donde se le dará una buena gratificación". (*Diario del Gobierno de la República Mexicana*, 8 de julio de 1842).

AVISO. Se suplica á la persona que haya encontrado un perrito con su collar negro, de casta ratonero, de color blanco, con dos manchas canelas en la cabeza y otra del mismo color en el lomo, teniendo las orejas y cola cortadas, lo entregue en la calle de San Bernardo número 11, donde se le gratificará. (*El Siglo Diez y Nueve*, 13 de octubre de 1842).

PERDIDA. La de una perra chihuahueña, color blanco, manchas achocolatadas, que se estravió el día 2 del corriente: la persona que se la hubiere hallado, ocurra con ella á la calle cerrada de Santa Teresa núm. 1, junto á la iglesia, donde se lo gratificará competentemente. (*Diario del Gobierno de la República Mexicana*, 5 de noviembre de 1842).

PERDIDA. La de una perrita chihuahueña color amarillo, pecho blanco, la punta de la cola ídem, ojos negros y uñas largas, que se estravió la tarde del día 3 del corriente: la persona que se la hubiere hallado, ocurra á la primera calle del Relox, núm. 8, donde se le gratificará muy bien. (*Diario del Gobierno de la República Mexicana*, 5 de noviembre de 1842).

AVISOS. Se ha estraviado un perrito chihuahueño bayo, con las cuatro patas blancas y una manchita también blanca en la frente, entiende por Cupido, y a la persona que lo entregare en la imprenta se le dará su gratificación. (*El Siglo Diez y Nueve*, 23 de mayo de 1843).

AVISOS. De la primera calle del Rastro núm. 4, se ha estraviado un perrito chihuahueño, blanco y negro, que entiende por Fulanito: se ofrecerá una buena gratificación al que lo entregue en dicha casa; bajo el concepto de que se perseguirá como ladrón al que lo retenga y se le encuentre. (*Diario del Gobierno de la República Mexicana*, 24 de agosto de 1843).

PERDIDA. El 24 del corriente se ha estraviado del entresuelo de la casa núm. 10 de la calle de San Bernardo, un perrito de Chihuahua, fino, blanco, con una pinta negra sobre una oreja, y otra en el lomo, y un ojo zarco: á la persona que lo devuelva en dicho entresuelo, se le dará una gratificación buena. (*Diario del Gobierno de la República Mexicana*, del 28 de enero al 2 de febrero de 1844).

AVISOS. Se ha estraviado un PERRO pinto, de café y blanco, y de raza muy fina, que entiende por el nombre de *Jeatrén*: el que dé noticia de su paradero, ó lo entregue en la calle del puente de la Mariscala núm. 4, se le darán TRES ONZAS DE ORO, sin hacer ninguna clase de averiguación. (*El Siglo Diez y Nueve*, 4 al 8 de marzo de 1844).

AVISO. El que hubiere perdido un perrito ó perrita, por lo que parece ser de la raza San Bernardo ó de los Pirineos, puede ocurrir á la imprenta de este periódico, donde se dará razón. (*El Monitor Constitucional*, 16 de enero de 1845).

AVISOS. Se desea comprar uno ó dos perritos de Chihuahua, que sean bonitos. La persona que quiera venderlos ocurra á la calle del Refugio núm. 15. (*El Siglo Diez y Nueve*, 22 de enero de 1845).

AVISO. De la casa núm. 4 de la calle de San Hipólito, ha desaparecido una perrita de Chihuahua, blanca, con la cabeza parda, y sumamente obesa. El que la hubiere encontrado puede ocurrir á la casa mencionada, donde, presentándola, se le dará su hallazgo. (*Diario del Gobierno de la República Mexicana*, 3 de febrero de 1845).

PERDIDA. La persona que hubiere encontrado un perrito chihuahueño, chico, color de canela, que tiene la cola enroscada y un collar de terciopelo con cascabeles en el pescuezo y entiende por el nombre de Cupido; puede ocurrir al núm. 10 de la calle de Donceles, donde se le dará una buena gratificación de hallazgo. (*Diario del Gobierno de la República Mexicana*, 16 de marzo de 1845).

PERDIDA. Se ha extraviado una perrita amarilla con el hocico amarillos y las patas blancas: á quien la entregue en la calle del Puente Quebrado casa núm. 26, se le gratificará. (*El Monitor Constitucional*, 21 de abril de 1845).

AVISO. La noche del domingo 6 del actual, se ha estraviado á la salida del teatro principal, una perrita blanca, pequeña, con la lana bien grande, y que entiende por For. A la persona que la haya encontrado, se suplique la entregue en la calle de la Canoa núm. 7, casa del Sr. Piattoli, donde se le dará MEDIA ONZA de gratificación. (*El Monitor Constitucional*, 10 de julio de 1845).

AVISO. Se ha perdido una perrita chihuahueña, blanca con pintas coyotas; y se ofrece una gratificación á la persona que la entregue en los entresuelos de la casa núm. 20 del callejón de Mecateros. (*Diario del Gobierno de la República Mexicana*, 25 de julio de 1845).

PERDIDA. El 20 del corriente se extravió entre el núm. 3 y 4 del Empedradillo, un perrito chiquito que tiene las orejas y cola cortadas, su color en la cabeza y cuerpo por encima canelo oscuro, con pintas y listas negras, á imitación de un tigre; á la persona que lo haya encontrado, se le suplica lo entregue en el núm. 4 de dicha calle, donde se le dará una buena gratificación. (*Diario Oficial del Gobierno Mexicano*, 25 de julio de 1846).

PERDIDA. En la mañana del miércoles 15 de Setiembre, se extravió un perrito bull-dog, de color blanco, con una pinta oscura en una oreja, la persona que lo entregue en la calle de la Palma núm. 5, será gratificado. (*Diario del Gobierno de la República Mexicana*, 17 de septiembre de 1846).

Pérdida. El día 1° del corriente, se ha salido de una de las calles de Mesones, una perrita de las llamadas poblanas, de pelo largo y fino, muy blanca, ojos negros, pelada como es común, de medio cuerpo, y que entiende por el nombre de *Corina*. Se ofrece una gratificación decente á quien presentare ó de razón cierta de dicho animal, en el despacho de esta imprenta. (*El Monitor Republicano*, 5 de octubre de 1846).

AVISO. En la tarde del domingo 7 del corriente se extravió una perra mestiza, grande, blanca, con pintas negras. Al que la entregue en la calle de la Palma núm. 5, se le gratificará. (*Diario del Gobierno de la República Mexicana*, 10 de febrero de 1847).

PERDIDA. En la mañana del 16 del corriente se extravió en la calle de San Agustín, un Perrito de Chihuahua, de color coyote claro, pelo corto, orejas cortadas y con una muy pequeña mancha blanca en la frente. Se suplica á quien lo hubiere hallado, lo entregue en la calle del puente del Espíritu Santo núm. 6, donde se le dará una buena gratificación. (*Diario del Gobierno de la República Mexicana*, 19 de mayo de 1847).

AVISOS. A la persona que supiere del paradero de una perrita inglesa con orejas largas amarillas, y tres lunares en el cuerpo del mismo color, se le suplica ocurrir la calle de Tiburcio núm. 17, en donde entregándola se le dará un buen hallazgo. (*Diario del Gobierno de la República Mexicana*, 30 de agosto de 1847).

AVISO. La noche del 1.° del presente se estravió una perrita de Chihuahua con una pinta blanca en la frente, de color amarillo, y con un collarcito de latón; la persona que la haya encontrado recibirá una buena gratificación si la presenta en el despacho de este periódico. (*Diario del Gobierno de la República Mexicana*, 2 de noviembre de 1847).

PERDIDA. De un perro chihuahueño, blanco, con hocico negro, que se ha estraviado de la casa núm. 24 del Puente de Alvarado, junto al Baño de San Rafael, el 26 del corriente. Al que lo entregare en dicha casa, sin más averiguación, se le dará una buena gratificación. (*El Monitor Republicano*, 28 de enero de 1848).

AVISO. Suplica encarecidamente el que firma, que la persona á que lleven ó vayan á venderle un perrito inglés pinto de blanco y negro, y en la parte negra del lomo con unas pintas blancas, que ocurra á la calle del Espíritu Santo número 8, donde se le darán 10 pesos, de donde se lo han sacado y es propiedad de — Francisco Alcayaga. (*El Siglo Diez y Nueve*, 28 de septiembre de 1848).

PERDIDA. El día 10 en la noche se estravió un perro prieto, (bulldó) mocho, de cola larga. La persona que lo hubiere encontrado se servirá entregarlo en el Hotel de la calle de Tiburcio número 7, en donde será gratificada con 20 pesos. (*El Monitor Republicano*, 15 de febrero de 1849).

Pérdida. Se ha estraviado un perrito prieto y muy cano, de raza chihuahueña, aunque no muy pequeño. La persona que lo haya encontrado podrá entregarlo en el núm. 6 de la Calle de Cordobanes, donde se le ministrarán inmediatamente diez pesos de hallazgo. (*El Monitor Republicano*, del 16 al 27 de abril de 1849).

PERDIDA. Se ha estraviado una perrita, chiquita, blanca con manchas coyotas, y que entiende por el nombre de *Berenice*: la persona que la haya encontrado, puede entregarla en el núm. 8, tercera calle de Banegas, donde se le gratificará bien. (*El Monitor Republicano*, 5 de junio de 1849).

Pérdida. El día 23 de corriente, se estravió de la casa número 11 de la calle del Coliseo viejo, una perrita chihuahueña color de chocolate con las patas bayas. La persona que se la hubiere encontrado, puede ocurrir a dicha casa donde se le darán 10 ps. de gratificación. (*El Siglo Diez y Nueve*, 25 de enero de 1850).

¡¡¡GRATIFICACION!!! La noche del día 17 del corriente se estravió de la casa núm. 16 de la calle de Montealegre, una perra blanca, inglesa, de orejas bastante largas y manchado el cuerpo de color café. La persona que la entregue recibirá una gratificación conveniente. (*El Universal*, 11 de septiembre de 1850).

PERDIDA. En la calle de San Bernardo núm. 3, se ha perdido una perrita chihuahua de color negro, gordita y manca de una mano; la persona que se la hubiere hallado y la presente en dicha casa, ó diga dónde esté, además de agradecerlo, se le dará una buena gratificación. (*El Monitor Republicano*, 3 de abril de 1851).

PERDIDA DE UNA PERRITA. El miércoles 25 de julio se ha perdido una perrita chiquita, media encortada [recortada] de chihuahua, con las orejas cortadas y la cola entera: la persona que la hallase, que ocurra á la primera calle de Mesones núm. 1, donde se le darán sus albricias y en particular las gracias. (*El Siglo Diez y Nueve*, 28 de julio de 1851).

PERDIDA. La persona que hubiere perdido un perrito bulgod, puede ocurrir por él á la calle del Ángel núm. 4, donde se entregará. El portero dará razón. (*El Monitor Republicano*, 29 de septiembre de 1851).

PERDIDA. El sábado 27 del corriente [septiembre] de 11 á 12 de la mañana se ha perdido un perrito de raza galgo, color pardo y blanco: quien lo hubiere encontrado se le suplica lo entregue en la casa núm. 3, calle de Flamencos, donde se le gratificará. (*El Universal*, 6 de octubre de 1851).

URGENTE. La persona que se hubiere encontrado un perrito chihuahueño pinto, de negro, blanco y aplomado, ocurra con él a la 1ra. calle de Mesones núm. 19, donde se le dará una buena gratificación, sin averiguación ninguna. (*El Universal*, 5 de noviembre de 1851).

PERDIDA. De la casa núm. 30 de la calle de Donceles se ha estraviado un Perrito Chihuahua, amarillito, raboncito, y entiende por Fígaro; la persona que lo haya encontrado, si lo devuelve á dicha casa será gratificada. (*El Siglo Diez y Nueve*, 13 de febrero de 1852).

PERDIDA. Al que presente un perro Terranova que se ha estraviado desde el viernes 16 del
próximo pasado, se le gratificará ó con dinero,
ó con una perrita de la misma clase. Entiende
por Blac y es todo negro, con excepción de una
ú otra uña blanca. Se recibirá el perro ó la noticia de a dónde se puede reclamar, en la leche-
ría de San Borja, sita junto á la capilla del Hospital Real. (*El Ómnibus*, del 10 al 17 de agosto
de 1852).

AVISOS. Se ha perdido el lunes pasado, por el
rumbo del Salto del Agua, un perro Terranova,
blanco, con una mancha negra en la cabeza, orejas
negras y mancha del mismo color en el lomo; se
gratificará á la persona que lo haya recogido y
lo devuelva, calle del Correo Mayor núm. 10.
(*El Monitor Republicano*, 12 de agosto de 1852).

AVISOS. Se ha estraviado un perro Buldog de
color amarillo con manchas blancas y la cola
cortada; a la persona que lo encuentre se le gratificará en casa del Sr. Calpini, esquina del Espíritu
Santo y San Francisco núm. 12. (*El Ómnibus,* 18
de noviembre de 1852).

AVISOS. Se ha perdido un perro de raza inglesa,
color carmelita [marrón], pecho, manos y pies

blancos, y su pelo es lacio y largo, sin cola y afectado de los nervios. La persona que lo encuentre y entregue en la Panadería de la Alameda, tendrá una buena gratificación. (*El Siglo Diez y Nueve*, 20 de mayo de 1853).

HALLAZGO. Quien hubiere perdido el día 18 del presente un perro de raza de Terranova, puede ocurrir á la imprenta en que se imprime este periódico, donde dando las señas se informará de la persona que lo ha de entregar. (*Diario del Gobierno de la República Mexicana*, 20 de agosto de 1853).

PERDIDA. La de un perro grande de Terranova, negro, con manchas blancas en las patas y en la punta de la cola, y con el pelo grande y chino. A la persona que lo entregare en la calle del Refugio núm. 14, se le dará una buena gratificación. (*El Siglo Diez y Nueve*, 3 de octubre de 1853).

GRATIFICACION. A la persona que entregue en la relojería número 9 de la segunda calle de Plateros un perro buldog, blanco con manchas amarillas en la cabeza, habiéndose este perro largado el sábado último en la mañana de dicha casa, con su collar y cadena. (*El Siglo Diez y Nueve*, del 1 al 11 de agosto de 1854).

AVISOS. En la noche del 27 se perdió en Tacubaya, un perro colorado medio buldog, boca negra, orejas cortadas, cola larga, pecho blanco. Se llama Chulo. 5 pesos se le darán al que lo entregue en el número 8 de la segunda calle de Monterilla. (*El Siglo Diez y Nueve*, 29 de noviembre de 1854).

GRATIFICACION. Quien se hubiere hallado un perrito de raza chihuahueña, con patitas y cuello amarillo, ojos saltones, orejas cortadas y de cola larga y que entiende por Primor: lo entregará en la bizcochería de la calle de Tacuba, casa de la Sra. Uranga, quien dará una gratificación. (*El Ómnibus*, 19 de diciembre de 1854).

PERDIDA DE UN PERRO. Se ha perdido un perro blanco buldog; tiene una mancha parda en el lado derecho de la cara: llevaba puesto un collar de cuero con el número 932. A la persona que lo presente en la casa número 6 de la calle do D. Juan Manuel, se le dará una buena gratificación. (*Diario del Gobierno de la República Mexicana*, 14 de enero de 1855. El último aviso se publicó en el mismo diario el 8 de febrero).

PERDIDA. Se ha estraviado el día de hoy un perro de raza inglesa, pinto de blanco y color de chocolate, con las orejas muy grandes y que entiende á los nombres de Ney ó de Prim. Se suplica á la persona que lo hallare, ó en cuyo poder esté, lo remita á la calle de San Felipe de Jesús núm. 11, donde se le dará una buena gratificación. (*El Siglo Diez y Nueve*, 10 de mayo de 1855).

PERDIDA. El día 29 del próximo pasado Abril, se ha estraviado de las habitaciones de Palacio, una perrita de raza chihuahueña, de color blanco manchada, que entiende por el nombre de *Camelia*; se suplica á la persona en cuyo poder esté, que la remita á la imprenta donde se publica este periódico, en donde se le dará una buena gratificación. (*Diario del Gobierno de la República Mexicana*, 15 de mayo de 1855. El último aviso se publicó en el mismo diario el 29 de mayo).

UNA BUENA GRATIFICACION. Se le dará á quien entregue en la calle de Capuchinas, un perro negro de orejas largas, patas color vicuña [beige o dorado], y manchas del mismo color sobre los ojos, y que se estravió ayer entre las calles de San Francisco y Plateros, cerca del Hotel Iturbide (*El Ómnibus*, del 25 al 29 de octubre de 1855).

PERDIDA. La persona que se hubiere hallado un perro negro, grande, ingerto de los de Terranova con unas pintas en las cejas de los que llaman cuatro ojos, el pecho blanco y las cuatro patas amarillas, se le suplica lo entregue ó avise en la calle de la Cruz Verde núm. 1, donde se le dará una buena gratificación.— José María Mendoza. (*El Ómnibus*, 5 de febrero de 1856).

PERDIDA. Un perro de Terranova, prieto, pelo rizado, de cinco meses de edad, con el pecho, las cuatro patas y la punta de la cola blancas. Quien lo entregue en la calle de Ortega núm. 24 recibirá una buena gratificación.— G. Gayosso. (*El Ómnibus*, 12 de marzo de 1856).

PERDIDA. En las calles de Mesones y Portal de Tejada se estravió ayer un perro inglés blanco, con las pintas achocolatadas. La persona que se lo haya encontrado, se le suplica lo entregue en la calle de San Felipe de Jesús núm. 11 á donde se le gratificará. (*El Ómnibus*, del 16 al 30 de julio de 1856).

AVISOS. Se ha perdido el 7 del presente un perro de Terranova, negro, con el pescuezo y la cara blancos. Se dará una gratificación á la persona que lo entregue en la calle de Capuchinas núm. 12.— Patricio Stewart. (*El Siglo Diez y Nueve*, 11 de diciembre de 1856).

PÉRDIDA. Ayer dos de Febrero, entre una y dos de la tarde, se ha perdido una perrita blanca, de raza poblana, del estanquillo nacional de la calle del Factor. A la persona que la entregue en dicho estanquillo, se le dará una gratificación, sin hacer averiguación de ninguna clase. (*Diario de Avisos,* 3 de febrero de 1857).

AVISOS. En la tarde del día 22 del corriente desapareció de la casa número 8 de la primera calle de Mesones un perro legítimo de Terra Nova, pinto de blanco y negro, llamado Titán: quien lo devuelva á dicha casa, ó dé aviso de su paradero, recibirá una buena gratificación, sin que se haga ninguna indagación acerca del hecho. (*Diario de Avisos,* 26 de abril de 1857).

GRATIFICACION. Se le dará á la persona que entregue en la calle de Tiburcio núm. 12, un perro de Terra Nova, que tiene el pescuezo, las patas y la cola blancas, lleva un collar de cuero con una argolla, y obedece por el nombre de Turco. (*Diario de Avisos,* 15 de agosto de 1857).

AVISOS. En 29 de agosto último se estravió un perro pequeño, blanco, de los que son conocidos con el nombre de *poblanos:* tenía el pelo poco crecido y recortado de medio cuerpo como es costumbre. Si la persona que lo conservó tiene la bondad de presentarlo, se le suplica lo verifique en la primera calle del Puente de la Aduana, casa núm. 2, habitación principal. (*Diario de Avisos,* 23 de septiembre de 1857).

GRATIFICACION. Se ha estraviado una perrita Terranova de color pardo (vulgo morisco) por la parte superior, con el pecho, pies, manos y estremo de la cola blancos, con un mechoncito del mismo color arriba del cuello. La persona que la presentare en la calle del Puente de los Gallos núm. 7, recibirá la gratificación correspondiente. La perra entiende por el nombre de Venus. (*El Monitor Republicano,* del 9 al 16 de enero de 1858).

APOLO. Así se llama un perro grande de Terranova negro y blanco, que se ha escapado de la casa núm. 7 de la cuarta calle del Relox, donde ofrecen gratificar á quien devuelva al fugitivo. (*El Siglo Diez y Nueve,* 24 de julio de 1858).

GRATIFICACION. El que suscribe la dará á la persona que se sirva entregar en la casa núm. 1 de la calle de D. Juan Manuel, un perro que se le perdió ayer, el cual entiende por el nombre de *Alí,* color de café, orejas grandes, las dos manos, las patas y la punta de la cola blancas, lo mismo que el pecho, y en el pescuezo una mancha blanca chica.— Luis Sierra. (*La Sociedad*, 4 de diciembre de 1858).

GRATIFICACION. El día 1° del corriente en la tarde se perdió un perro de Terranova, color prieto; llevaba su collar en el que está gravado el nombre del Dr. J. H. Vandersliu: la persona que lo entregue en la calle de Cadena núm. 1°, recibirá una gratificación de diez pesos. (*La Sociedad*, 11 de marzo de 1859).

AVISOS. El día 10 del presente se ha perdido una perra de la raza Terranova, pinta, con una mancha negra que le cubre un ojo. A la persona que la hubiere hallado, se le suplica la entregue en la casa número 9 de la Alcaicería, y se le gratificará. (*La Sociedad*, 13 de abril de 1859).

GRATIFICACION. Se estravió desde la tarde del domingo 9 del actual, un perro alto de Terranova, negro, con las estremidades blancas. Son señas particulares, que tiene la cola cortada y una llaga en la frente.— Quien dé razón de él ó lo entregue á su dueño en la calle de Cadena núm. 4, recibirá una buena gratificación. (*La Sociedad*, 18 de octubre de 1859).

Pérdida. El sábado último se estravió en la calle del Empedradillo, una perrita blanca manchada de amarillo bajo, y tiene una verruga junto á la cola. Se suplica á quien la haya encontrado, la entregue en la calle del Espíritu Santo núm. 6, donde se le gratificará. (*Diario de Avisos*, 5 de diciembre de 1859).

Pérdida. El día 1ro. de Marzo entre once y doce del día, se perdió de la casa núm. 12 de la calle de Capuchinas, un perro bulldog de color blanco, la cabeza oscura, una mancha colorada en el lomo y una manchita en la cola; collar amarillo con el nombre del dueño y número de la casa. La persona que lo presente se le dará una gratificación. S. Llavaet. (*Diario Oficial,* 3 de marzo de 1860).

GRATIFICACIÓN. Se dará á la persona que entregue en la calle de Capuchinas núm. 12, un perro bulldog blanco, bastante chato, con la cabeza parda y una mancha grande en el lomo de color amarillo y otra pequeña del mismo color en la cola, collar de metal blanco con este rubro, P. Stewart. Se perdió el día 1° del corriente al medio día. (*La Sociedad*, 5 de marzo de 1860).

GRATIFICACION. El día 20 se estravió de la calle de López número 10, una perrita ordinaria, de color amarillo, rabona y chaparra, entiende por el nombre de "Flora". La persona que la entregue en la casa indicada, recibirá una gratificación. (*Diario de Avisos*, 1 de mayo de 1860).

PERDIDA. A las diez y media de la mañana del día 2 de Junio, se perdió un perrito chihuahua, prieto con el hocico amarillo, barriga y las patitas lo mismo. La persona que se lo hubiere hallado ó comprado, lo podrá entregar en la calle de San José el Real núm. 6, en la casa del Sr. Lic. D. José María Bocanegra, donde se le dará una gratificación. (*Diario del Gobierno de la República Mexicana*, 3 de junio de 1860).

PERDIDA. De un perrito de raza inglesa, chiquito, de color blanco y manchas cafés en el lomo y las orejas que son lanudas y largas, y entiende por "Coradino". A la persona que lo entregue en la casa núm. 25 de la calle del Hospicio de San Nicolás, se le dará una gratificación, sin hacer ninguna averiguación. (*Diario de Avisos*, 1 de septiembre de 1860).

PERDIDA. La persona que hubiere encontrado un perrito chihuahueño, blanco, con manchas amarillas y las orejas mochas, que se estravió el sábado por la tarde, puede entregarlo en la casa núm. 12 de la primera calle de Santo Domingo, en donde se le recompensará, sin hacer averiguación de ninguna clase. (*La Independencia*, 12 de marzo de 1861).

AVISOS. La persona que desee vender un perro Terranova, de legítima raza, de un mes ó dos de edad á lo más, puede ocurrir á la imprenta donde se publica este periódico, de 9 á 10 de la mañana, ó de 4 á 6 de la tarde, en donde se contestará. (*El Monitor Republicano*, 13 de marzo de 1861).

AL QUE LO TENGA. En la tarde del lunes se perdió un perro inglés de raza muy pequeña: el pelo tanto en las orejas como en el resto del cuerpo es muy largo y de color café-gris: la nariz chata y las patas amarillentas. Se suplica á la persona que lo hubiere hallado, se sirva entregarlo en el entresuelo de la calle de la Merced núm. 4, donde se le gratificará. (*La Unidad Católica*, 28 de agosto de 1861).

PERDIDA. De la casa núm. 12 del Portillo de San Diego, se ha estraviado la tarde del 26 del corriente, un perro perdiguero de color blanco y café, todavía chico. A la persona que lo entregue en dicha casa, vivienda núm. 13, se le gratificará, advirtiéndose que tiene el perro señas muy marcadas, por las que su dueño lo reconocerá y reclamará donde lo encuentre. (*El Constitucional*, 28 de marzo al 24 de abril de 1862).

AVISO. El día 24 del presente mes se estravió un perro mastín, blanco, con una mancha oscura en la cabeza. Se ofrece una gratificación a la persona que lo entregue en la casa número 7 de la calle del Esclavo. (*El Monitor Republicano*, del 25 de junio al 6 de julio de 1862).

AVISOS. Se ha estraviado un perro galgo, de color meco [bermejo con mezcla de negro], de edad de un año y medio; la persona que lo haya encontrado, puede mandarlo á la Plomería de Nuevo México, ó decir en la casa dónde está para ocurrir por él. (*El Siglo Diez y Nueve*, 20 de agosto de 1862).

PERDIDA. El miércoles 17 del presente, en la tarde se estravió una perrita blanca bull-dog, que responde al nombre de Atila, con las señas siguientes: una mancha amarilla en el lado derecho de la cabeza, orejas cortadas, cola larga con una mancha amarilla pegada al nacimiento de la cola. El que la entregare en la calle del Espíritu Santo número 2, se le gratificará. (*El Monitor Republicano*, 23 de diciembre de 1862).

PERDIDA. Se estravió un perro de raza Bull-Dog, color blanco, con una tacha parda sobre un ojo. Se gratificará debidamente á quien la entregue en la casa número 6 de la calle de D. Juan Manuel. (*El Monitor Republicano*, 24 de marzo de 1863).

PERDIDA. El martes en la mañana se estravió una perra galga, que tiene una pinta negra en el lado izquierdo de la cabeza y marca de la mano derecha. La persona que se la hubiere encontrado, puede entregarla en la calle de Revillagigedo 20, fundición del "Volcán", donde se le gratificará. (*El Pájaro Verde*, 14 de junio de 1864).

GRATIFICACION. Se dará á la persona que entregue en el estanquillo de la esquina de la Alcaicería y Arquillo, una perrita de raza chihuahueña, coyotita, con una mancha blanca en el pecho, que entiende con el nombre de Tisbe [sic]; y se estravió el jueves 7 del corriente en la tarde. (*El Pájaro Verde*, 18 de julio de 1864).

Pérdida de un perro. Se ha estraviado un perro, de la raza llamada buldog, de color de canela claro y blanco, con la cara más retinta, con la particularidad de ser muy chato y tener el labio superior tan corto por el hocico, que siempre enseña un poco de la lengua. Se llama Chato. La persona que lo tenga en su poder puede acudir á la pensión de caballos de San Agustín, donde su dueño, el Sr. Chiarini, dará una buena gratificación al que lo presente. Tenía en el cuello un collar de cuero blanco sujeto con una hebilla. (*La Sociedad*, 9 de noviembre de 1864).

Pérdida de un perro. Se ha estraviado un perro de la raza llamada buldog, de color amarillo oscuro, tenía un collar de cuero con placa y anillo de bronce. Se dará una gratificación á la persona que lo entregue en la calle de Don Juan Manuel núm. 6. (*La Sociedad*, 12 de noviembre de 1864).

AVISOS PARTICULARES. Se suplica á la persona que hubiese encontrado un perro galgo de color grullo [gris azulado] y con un collar de cuero negro, lo entregue en la calle de la Estampa de San Diego núm. 1, vivienda 2da, donde recibirá una gratificación. (*Diario del Imperio*, 9 de mayo de 1865).

PERDIDA. El sábado 6 del corriente se estravió, en la alameda de Tacubaya, un PERRO de cuatro meses de edad, es chaparro, muy doble, y de color blanco con pintas mecas [bermejo con mezcla de negro]. A quien lo entregue en la calle de

Capuchinas núm. 12, ó en Tacubaya, en la alameda, núm. 142, se le dará una BUENA GRATIFICACIÓN, sin averiguación de ninguna especie. (*La Sociedad*, del 8 al 12 de octubre de 1866).

Una Perrita Chihuahueña. De la 2da. calle de la Aduana Vieja núm. 2, se ha estraviado en la tarde de ayer, una perrita chihuahueña, negra y blanca, teniendo arriba de los ojos dos manchas blancas y otras dos á los lados; es grande de edad y entiende por el nombre de Lila. La persona que la entregue en dicha casa recibirá una gratificación sin averiguación alguna. (*La Sociedad*, 21 de diciembre de 1866).

SE PERDIÓ. Un perro prieto, grande de cuerpo y de edad, de raza Terranova, se llama Otelo. La persona que lo entregue en la carrocería de la calle de Victoria número 15, recibirá una gratificación de cuatro pesos. (*El Pájaro Verde*, 2 de febrero de 1867).

UNA PERRITA. El viernes á las once de la mañana desapareció de la camisería de la calle de Tacuba, situada en los bajos del número 24: es chihuahueña, de los colores blanco y amarillo, tiene las orejas enteras. La persona que la entregue en dicha casa recibirá la gratificación correspondiente. (*El Pájaro Verde*, 12 de febrero de 1867).

UN PERRO GALGO. Recibimos lo siguiente: "Comisaría Central de Policía.— México, Febrero 15 de 1867. Señores redactores de la *Sociedad*. Suplico a ustedes poner en conocimiento del público que existe en esta oficina, un perro de raza galgo, perdido, para que la persona que se considere ser su dueño ocurra á esta comisaría, en donde dando las señas de él, y pagando el gasto que haya hecho, se le entregará; en la inteligencia que hace diez y siete días que fue encontrado por el rumbo de San Cosme". (*La Sociedad*, 16 de febrero de 1867).

PERRO PERDIGUERO. Se estravió uno, algunas semanas hace: sus señas son las siguientes: tiene siete meses, su color blanco, con manchas morenas, una de ellas se extiende de la anca hasta la mitad del rabo, cuya estremidad está cortada, tiene orejas largas. Tenía cuando se estravió un collar de hierro con las iniciales L. F. Se compensará á quien lo remita á la calle de Santa Isabel núm. 8, ó bien á quien pueda dar indicaciones esactas de su paradero. (*El Monitor Republicano*, 13 de agosto de 1867).

INTERESANTE. A la persona que entregue en la calle de San Juan de Letrán núm. 3 una perrita blanca de raza habanera, que se estravió en la tarde del día 22 del corriente, se le dará una buena gratificación. La perrita se llama Julieta. (*El Monitor Republicano*, 25 de agosto de 1867).

PERRO EXTRAVIADO. Hace pocos días se ha extraviado un perro sabuezo, color de café, con un collar negro de cuero y metal, y que entiende por el nombre de Max, y pertenece al coronel D. Jesús Lalanne: la persona que lo entregue en la calle de Santa Clara número 23, recibirá una decente gratificación.— Manuel Payno. (*La Orquesta*, 24 de diciembre de 1867).

PERDIDA. Quien supiere de un perro chihuahueño, de una cuarta de tamaño, de color blanco, con dos manchas color chocolate, una pinta á la cola y otra á las orejas, puede ocurrir á la calle de Don Juan Manuel núm. 24, en el entresuelo, donde se le gratificará. (*Boletín Republicano*, 11 de marzo de 1868).

PERDIDA. El día 20 del corriente se ha extraviado de la casa de la Plaza de Toros del Paseo Nuevo, un perro galgo, color bayo, y el cuello blanco. Se suplica á la persona que lo tenga, lo entregue en dicha casa ó en calle de Don Juan Manuel, escritorio, donde se dará una gratificación. (*El Siglo Diez y Nueve*, 25 de marzo de 1868).

EXTRAVIADO. Un perro bulldog, cojo de la pierna derecha. Se dará una gratificación á quien lo entregue en la calle de Don Juan Manuel núm. 6. (*El Siglo Diez y Nueve*, 3 de abril de 1868).

UN HERMOSO PERRO DE TERRANOVA LEGITIMO. Por tener que salir de la capital su dueño, lo vende. Puede verse en el hotel de San Agustín número 13. (*El Monitor Republicano*, 23 de junio de 1868).

GRATIFICACION. Se le dará al que entregue ó de noticia de un perro que se ha perdido en la calle del Puente del Espíritu Santo: es cachorro, color de chocolate, con el pecho y parte de las patas y de la cola blanca. Tiene la cara manchada de amarillo y una manchita del mismo color encima de cada ojo. Diríjase, calle del Puente del Espíritu Santo núm. 3, en el almacén. (*El Monitor Republicano*, 17 de noviembre de 1868).

MEDIA ONZA DE GRATIFICACIÓN. Se dará á la persona que entregue en la casa número 2 de la calle del Hospital de Jesús. Una PERRI-

TA que se ha extraviado en la mañana de ayer. Dicha perrita es pequeña, negra, con el pecho blanco, las patas leonadas y tiene dos manchas amarillas sobre los ojos. (*El Siglo Diez y Nueve*, 3 de diciembre de 1868).

PERDIDA. El día 12 del presente, entre siete y ocho de la mañana, se extravió un perrito en el Callejón de Belemitas, cuyas señas son las siguientes: Color blanco, pelo chino, con medio cuerpo muy corto el pelo, manco de la mano izquierda, pues la tiene seca y la arrastra para andar. Se suplica á la persona que lo tenga lo entregue en el Callejón de Frías número 2, Baño de San Juan Bautista, en el despacho, donde se le dará una gratificación de cinco pesos. (*El Siglo Diez y Nueve*, 17 de enero de 1869).

BUENA GRATIFICACION. Se dará á la persona que entregue un perro galgo enteramente negro, que salió de la casa núm. 9 de la 2da. calle de Plateros. Diríjase al portero de dicha casa, quien dará razón. (*El Monitor Republicano*, 23 de noviembre de 1869).

PERDIDA. El lunes 24 [de octubre] se ha estraviado un perro chico, flaco, galgo, pinto, de orejas grandes, que entiende por MEJIA. La persona que lo encuentre puede ocurrir á la casa núm. 3½ del callejón de Santa Efigenia, vivienda principal, donde se le dará una gratificación. (*El Monitor Republicano*, 1 de noviembre de 1870).

AVISOS. Se ha estraviado un perro de cinco meses de edad de la raza de Terranova: color negro, con el pecho, parte de la cabeza, así como las manos y la punta de la cola blanca, y teniendo además dos manchones del mismo color en los cuadriles. A la persona que lo entregue, ó de aviso de él en esta imprenta se le gratificará. (*El Monitor Republicano*, 12 de enero de 1871).

GRATIFICACION. Se le dará á la persona que entregue en la casa núm. 3 de la calle de Nuevo México un PERRO DE TERRANOVA que se perdió de dicha casa el miércoles 4 del corriente. Es chico, como de seis á siete meses, todo negro, con el pecho y las patas blancas, y entiende por el nombre de *Poliuto*. (*El Ferrocarril*, 6 de octubre de 1871).

GRATIFICACION Y BUENA. Darán en la casa núm. 3, Puente del Espíritu Santo, á quien lleve á un perrito que se ha estraviado y que lleva el nombre de "Pitou" grabado en el collar. (*El Monitor Republicano*, 31 de octubre de 1871).

UNA PERRA. Se ha perdido una perra inglesa, blanca y café; al que la entregue en la casa núm. 6 de la calle de San Juan, se le dará una buena gratificación. (*El Monitor Republicano*, 7 de diciembre de 1871).

UN PERRITO. Se extravió en el tránsito de la calle de Gante al colegio de Niñas. A la persona que lo encuentre en la calle de Gante núm. 8 se le gratificará. Las señas del perro son: pelado de medio cuerpo, blanco, poblano. (*El Monitor Republicano*, 9 de julio de 1872).

UNA PERRITA. Una de las más hermosas suscritoras al *Monitor*, ha ocurrido ayer acompañada de una no menos preciosa amiguita suya, á contarnos la pérdida lamentable que ha tenido. Es el caso que una perrita chihuahueña, que parece galga por lo esbelto, venado por el color y tiene las orejitas cortadas (palabras textuales de la acongojada niña); perrita sumamente leal, fina, mansa y amable, se ha extraviado del hogar, calle de la Cruz Verde núm. 18, vivienda núm. 7. La queja de la hermosa no podía mandarse á la sección de remitido; la galantería del *Monitor* no lo habría permitido, y por lo tanto, aunque en gacetilla, agregaremos que si alguien quiere ganar una gratificación, devuelva el animalito á sus dueños. (*El Monitor Republicano*, 14 de julio de 1872).

AVISO. Se suplica á la persona que se encuentre á un perrito de la raza poblana, enteramente blanco, que entiende por el nombre de "Apolo" y que se extravió por la calle del Puente de San Francisco el día de la fecha, lo entregue en la casa núm. 15 de la calle del Puente de Alvarado, en donde se le dará una buena gratificación. (*El Monitor Republicano*, del 30 de agosto al 13 de septiembre de 1872).

AVISO. Se compra un perrito de Chihuahua de raza pura ó cruzada. En el Hotel de Iturbide impondrán [sic]. (*El Monitor Republicano*, 21 de enero de 1873).

GRATIFICACION. Se dará en la segunda calle de Plateros núm. 8, á la persona que entregue un perrito lanudo blanco, con una oreja negra y la otra negra y blanca; se estravió el día 5 del corriente en la calle Real, á las cuatro de la tarde; tenía unos listoncitos colorados en el pescuezo y patas. Responde al nombre de Chiquitín. (*El Monitor Republicano*, 12 de febrero de 1873).

¡¡¡BUENA GRATIFICACION!!! Se dará á la persona que entregue en la casa núm. 16 de la calle de Tiburcio, una perrita blanca con manchas amarillas, con las orejas cortadas, pequeña como de Chihuahua degenerado, y que entiende por el nombre de KETY, habiéndose extraviado el 24 de Diciembre último en la calle del Pte. de Alvarado. (*El Monitor Republicano*, 20 de marzo de 1873).

UN PERRO. Se ha perdido un perro perdiguero, pinto de amarillo y blanco, que entiende por el nombre de Otelo. La persona que lo entregue en el Costado de Santa Veracruz número 4, recibirá una gratificación. (*El Monitor Republicano*, 22 de marzo de 1874).

PERDIDA. Se ha extraviado de la casa núm. 6 de la Cerca de Santo Domingo, un perrito galgo de raza inglesa, color bayo. A la persona que lo hubiere encontrado, se le suplica ocurra á dicha casa, donde se le dará una buena gratificación. (*El Monitor Republicano*, 16 de enero de 1875).

PERRITA GALGA. Se ha estraviado una perrita galga, chiquita, blanca y con pintas amarillas. A la persona que la entregue en la calle de Capuchinas núm. 5 se le dará una gratificación. (*El Correo del Comercio*, 6 de abril de 1875).

PERDIDA. Se ha extraviado un perrito poblano, que entiende por el nombre de Mignon, pelo todo corto y rizado, orejas muy largas. Se suplica á la persona que lo hallare lo devuelva á su casa, calle de San Juan de Letrán núm. 13. Se dará la gratificación que se pida. (*El Monitor Republicano*, 11 de junio de 1875).

¡GRATIFICACION! Se le dará á la persona que entregue una PERRITA PRIETA chihuahueña, en la casa núm. 3 de las Escalerillas, de donde se extravió el domingo 20 del corriente. (*El Monitor Republicano*, 21 al 26 de junio de 1875).

GRATIFICACION. El domingo se extravió una perrita chihuahueña negra, con collar blanco y manchas amarillas en los ojos y en las manos. Se dará una gratificación á la persona que lo entregue en la casa número 3 de la calle de las Escalerillas, vivienda principal. (*La Voz de México*, 2 de julio de 1875).

PERDIDA. Hoy hace ocho días se extravió un perro de caza color chocolate, con el pecho blanco, y entiende por el nombre de México. Se suplica á la persona que lo tenga, lo entregue en la calle de Chiconautla núm. 15, á donde se le dará una gratificación. (*El Monitor Republicano*, 6 de octubre de 1875).

GRATIFICACION. Ayer en la tarde se ha salido de la casa número 7 de la 1ra. calle del Indio Triste, un perro blanco con manchas grandes color de chocolate oscuro y unas pintas amarillas en las cejas; aunque es grande de cuerpo, es muy chico de edad, pues tendrá seis o siete meses; es perdiguero. La persona que se encuentre dicho perro y lo entregue en la casa referida, se le gratificará bien. El perro entiende por el nombre de "Otelo". (*La Revista Universal*, 16 al 26 de enero de 1876).

BUENA GRATIFICACION. Se dará á la persona que entregue en la 3ra. calle de San Juan núm. 6, una perrita inglesa, blanca y café, que se perdió en estos días. (*El Monitor Republicano*, 2 de marzo de 1876).

¡GRATIFICACION! En la mañana del lunes 17 del presente Abril, se ha extraviado una perra de raza poblana, de pelo bastante chino, color gris, con una mancha negra en el lomo, orejas largas y con medio cuerpo pelado, que entiende por el nombre de Civinda. La persona que la entregue en la calle de San Felipe de Jesús núm. 6, recibirá una gratificación. (*El Monitor Republicano*, 27 de abril de 1876).

AVISOS. Se extravió un perro de Terranova, negro, con dos ó tres manchas blancas, algo pelado y responde al nombre de NERO. La persona que lo encuentre en la calle de Gante núm. 5, recibirá debida gratificación. (*El Monitor Republicano*, 19 de abril de 1877).

PERDIDA. El sábado 21 del corriente, entre ocho y nueve de la noche, se extravió un perro enteramente negro, grande, de Terranova, y que entiende por el nombre de BILO; el cual fue perdido en el tránsito de la peluquería del Sr. Lavallade (2da. de Plateros) á la Alameda. A la persona que lo hubiere encontrado, se le suplica lo entregue en la Carrocería del Sr. D. Hugo Wilson (3ra. del Sapo), donde se le gratificará sin más averiguación. (*El Monitor Republicano*, 27 de abril de 1877).

¡GRATIFICACION! Se ha perdido un perrito chihuahueño, que entiende por el nombre de CELIN; es negro, con las patas, el cuello y el pecho blanco; la cabeza negra con una raya blanca en medio y en esta una manchita negra. Se suplica á la persona que lo encuentre, lo entregue en la calle de la Encarnación número 1, a donde se le gratificará muy bien. (*El Monitor Republicano*, 16 de junio de 1877).

AVISO. El martes de Carnestolendas se ha perdido en la 1ra. del Salto del Agua un perrito chico, de la raza que trajo á esta capital el Sr. Chiarini; su color es pinto, con las orejas y círculos de los ojos negros, con una raya semicircular, blanca, entre las orejas. A la persona que lo entregue ó de aviso dónde está, se le dará una gratificación por el dueño de él, que vive en la casa número 4 de dicha calle, vivienda principal. (*El Monitor Republicano*, 13 de marzo de 1878).

En un papel que se fijó en las esquinas, se leía lo siguiente: "Se ha perdido un perrito chiquito, pintito, que tiene las orejitas cortitas, y larga la colita desde el zócalo hasta la estatua de Colón. Quien lo hubiere hallado, etc." (*La Patria*, 2 de junio de 1878).

SE HA PERDIDO. Un perro de blanco y grandes manchas mecas, de pelo lacio, y el pelo de las orejas fino y un poco chino; una raya blanca en la cabeza, que le baja por en medio hasta la punta de la nariz; la pestaña negra, grande y poblada; el ombligo un poco salido; es de cuerpo grande y edad corta. Se le suplica que la persona que lo tenga puede entregarlo en la sedería del Puente del Monzón; junto al número 9, donde se le dará una gratificación sin averiguación alguna. (*El Monitor Republicano*, 10 de julio de 1878).

PERDIDA. El día 13 se ha perdido de la calle de Donceles núm. 4, un perro de Terranova. Es negro, muy grande, y entiende por el nombre de PIRA. A la persona que lo entregue en la casa dicha, se le gratificará de manera que quede contenta y sin practicar averiguación ninguna. (*El Monitor Republicano*, del 14 al 24 de septiembre de 1878).

BUENA GRATIFICACION. Entregará el portero de la casa número 9 de la primera calle de San Francisco, á la persona que le entregue un perrito de Chihuahua, de color blanco, manchado de negro, que tiene las orejas cortadas y entiende por el nombre de Mascarillo, y cuyo perrito se extravió de las 4 á las 5 de la tarde del viernes 28 del actual. (*El Monitor Republicano*, 30 de noviembre de 1879).

GRATIFICACION. Se dará á la persona que entregue una perra amarilla, que entiende por el nombre de Aida, y que se ha extraviado de la casa núm. 2 de la calle de las Ratas. (*El Monitor Republicano*, 7 de enero de 1880).

AVISO. Una perrita chihuahueña, color amarillo claro, se extravió en la Alameda el 27 del que fina. Se gratificará con cinco pesos al que la entregue en el número 30 del Puente de Alvarado.— Nicolás Domínguez Cowan. (*El Monitor Republicano*, 31 de enero de 1880).

GRATIFICACION. Se dará á la persona que entregue en la casa número 10 de la calle de Don Juan Manuel, un perro de Terranova, café, con el pelo chino; el pecho, la extremidad de las patas y de la cola, blancos. (*El Monitor Republicano*, 1 al 6 de marzo de 1880).

SE HA EXTRAVIADO un perrito chihuahueño, negro, del núm. 30 del Puente de Alvarado. Se gratificará con ocho pesos á quien lo entregue en dicha casa.— Nicolás Domínguez Cowan. (*El Monitor Republicano*, 16 de noviembre de 1880).

AVISO. Por tener que ausentarse su dueño, se vende […] un perro perdiguero, raza española: 12 pesos. (*El Monitor Republicano*, 24 de noviembre de 1880).

AVISO. Una buena gratificación. Se ha perdido de la pensión de caballos de la calle de Victoria núm. 15, un perrito faldero, de raza de Chihuahua, que es de color amarillo oscuro, se llama MIGNON, y tiene una pata coja. A la persona que lo entregue en la referida pensión ó en la calle de Santa Isabel núm. 2, se le dará una buena gratificación, sin entrar en averiguación de ningún género. (*El Monitor Republicano*, del 30 de abril al 28 de mayo de 1881).

PÉRDIDA. Una perra negra llamada "KITTY". Se dará una GRATIFICACION á la persona que la lleve á WEXEL Y DE GRESS, Primera Calle de Plateros, 5. México. (*El Monitor Republicano*, 18 de agosto de 1881). [La casa Wexel y De Gress vendía artículos deportivos: escopetas, guantes, petos, morrales y "diversos modelos de collares para perros", entre otros muchos efectos].

AVISO. Hemos recibido el siguiente que no puede ser más estrafalario. "Se ha extraviado un perro que se llama *Piedra*, y anda con una perra chihuahueña de Veracruz. Suplicamos á la persona que se encuentre esta pareja, la conduzca al callejón de López, donde se le gratificará por el hallazgo". (*El Diario del Hogar*, 27 de octubre de 1881).

AVISO. El dueño de un perro cazador color de café, puede recibirlo contra el pago de los gastos de inserción en la Curtiduría de Emilio Schmidt, 2da. de la Monterilla núm. 3. (*El Monitor Republicano*, 18 de marzo de 1882).

PERDIDA. El lunes en la mañana se extravió un PERRO POBLANO, blanco y muy chiquito que entiende por FLAI y renguea un poco. A la persona que lo entregue en la casa número 5 de la Avenida Juárez, se le dará una buena gratificación sin hacer averiguaciones. (*El Monitor Republicano*, del 10 al 25 de mayo de 1882).

SE HA PERDIDO. Un perro de raza mastín, todo negro, con el pescuezo y patas blancas, de pelo chico, que entiende por Nemo; quien lo devuelva á la Ribera de San Cosme 9, se le gratificará sin hacer averiguación ninguna.— Miguel Gutiérrez. (*El Siglo Diez y Nueve* y el *Monitor Republicano*, del 21 al 29 de agosto de 1882).

SE COMPRA. Un perro de Chihuahua en el Puente de Alvarado núm. 19, de 2 á 5 de la tarde. (*El Monitor Republicano*, 7 de febrero de 1883).

BUENA GRATIFICACION. El miércoles 7 en la mañana se extravió por la calle de Nuevo

México una perrita chiquita, negra, con manchas blancas y que se le conoce estar ya vieja; la persona que la entregue en la misma calle núm. 4, recibirá una GRATIFICACION. (*El Monitor Republicano*, 13 de febrero de 1883).

PERDIDA. Una perrita habanera, blanca, se salió de la casa de su dueña el día 11. Pueden presentarla en la CARROCERIA DE SAN DIEGO, donde se dará una gratificación.— Juana Gutiérrez. (*El Monitor Republicano*, 12 al 19 de junio de 1883).

PERRA GALGA. A la persona que entregue en la casa número 5 de la calle de Capuchinas una perra galga, amarilla, que entiende por el nombre de "Flay", se le dará una gratificación. (*El Monitor Republicano*, 8 de marzo de 1884).

AVISOS. En el Tívoli del Eliseo, el domingo 15 del actual. Se extravió un perro de raza sabuesa, pinta de manchas grandes de meco y blanco, tendrá cuatro meses, lleva un collar de cadena de latón y un candado del mismo. Se suplica á la persona que lo tenga, lo mande entregar al número 3 de la tercera calle de Santa Catarina, vivienda número 4, donde recibirá una gratificación de tres pesos. (*El Monitor Republicano*, 20 de junio de 1884).

AVISO. De la casa número 1 de la Plazuela de la Concepción, se ha extraviado una perrita de raza chihuahueña, color golondrino, con manchas amarillentas arriba de los ojos, y blancas en la cabeza y las patitas. Se suplica á la persona que la hubiere recogido, se sirva entregarla en la citada casa, donde sin pormenores se le dará una gratificación. (*La Libertad*, 28 de agosto de 1884).

UNA BUENA GRATIFICACION. El día de hoy se ha extraviado de la casa número 17 del Puente de Alvarado, un perrito ratonero americano, de color leonado y plateado, pelo largo y rizado, orejas largas; responde al nombre de Jack. A quien lo entregue en dicha casa, se le dará una buena gratificación, sin averiguación de ninguna especie. J. M. Ledesma. (*El Tiempo*, Sección de Anuncios, 3 de diciembre de 1884).

20 PESOS DE GRATIFICACION. Se ha perdido un perro terranova, negro, con una mancha blanca en el pecho, blanco en las cuatro patas y en la punta de la cola; entiende de *Bell*. Se pagan 20 pesos de gratificación sin hacer preguntas, al

que lo entregue en la puerta del Circo Orrín. (*El Diario del Hogar*, 27 de diciembre de 1884).

Hasta aquí nuestro catálogo. Sólo queremos añadir que en los periódicos de España este tipo de comunicados eran más frecuentes que los que circulaban en los diarios de la ciudad de México, y comenzaron a publicarse con años de anticipación; al menos, a partir de la década de 1750. Este aviso es particularmente interesante, apareció en el *Diario noticioso*, de Madrid, el 4 de diciembre de 1764.

> En un día de la semana pasada se desapareció de la casa del Excelentísimo Señor Embajador de Inglaterra, un perrito dogo, nuevo, con el hocico negro, y una cinta encarnada en el cuello con cascabeles: para la restitución se acudirá al Portero de dicho Excelentísimo Señor, quien está encargado de dar un buen hallazgo.

Seguramente, en países como Francia, Estados Unidos o Cuba, los anuncios sobre perros extraviados debieron ser muy comunes en la prensa de los siglos XVIII y XIX, en este sentido el periplo se vuelve interminable. El 21 de noviembre de 1811, el *Diario de la Habana*, Cuba, publicó un aviso revelador: "El viernes 15 del corriente se perdió un perrito blanco mexicano, muy lanudo, desde el puente de Antón

Mozo hasta el puente Nuevo. Don Jacinto Figueroa, que vive en el puente de Agua Dulce, camino de Jesús del Monte, gratificará con un doblón al que lo entregue ó de noticia cierta de su paradero". Es probable que dicho perro haya sido un chihuahua de pelo largo. ¿Cuántos perros de la raza de Chihuahua se encontraban dispersos por el mundo en ese entonces?

El Reglamento de Policía de la ciudad de Lima, Perú, de marzo de 1840, contemplaba en uno de sus pasajes, una medida útil no sólo para localizar o identificar canes extraviados, sino para salvaguardar la vida de los perros que tenían la fortuna de contar con un dueño.

> Los aguadores están obligados á matar perros dos veces á lo menos cada mes, sin exceptuar sino á los que tengan collar con una placa marcada por la policía, á cuyo efecto el dueño del perro que lo solicite, pagará una patente de un peso que servirá por cuatro meses. En el libro respectivo constará el número del perro, su nombre, la habitación del dueño y la fecha en que franquearen la plancha, en la que estará grabado el número y la contraseña de la policía.

El Reglamento de policía de la ciudad de Veracruz del 14 de marzo de 1826, contemplaba una disposición semejante: "A los ocho días de publicado este bando, se procederá al exterminio de perros, y sólo serán eceptuados los que lleven collar con el nombre y apelativo de sus dueños". Esta medida fue replicada por las autoridades de la ciudad de México en diferentes momentos a lo largo del siglo XIX. Aunque las "Prevenciones de policía sobre perros" de 1856, establecían en el artículo séptimo —de los nueve artículos que contenía este bando—, que todo perro "que se encuentre sin bozal de día o de cualquier modo de noche, será muerto por los agentes de policía".

El enigma de los perros poblanos

> *Al día siguiente se leía en un periódico: «Ayer se perdió un perrito poblano en la calle de las Moscas; en la calle tal, número tantos, dan una gratificación á quien lo entregue».*
>
> Manuel María Romero, "Un aviso", 1876

A los veintitrés años de edad, Edward Burnett Tylor, considerado a la postre uno de los fundadores de la antropología moderna, visitó nuestro país. Permaneció en la ciudad de México entre marzo y junio de 1856, aunque aprovechó la oportunidad para conocer una serie de lugares en el centro y el oriente de la joven República. Como testimonio de su visita escribió el libro *Anáhuac, o México y los mexicanos, antiguos y modernos*, publicado cinco años más tarde. En uno de sus pasajes menciona con cierto asombro la gran inclinación de los habitantes de la ciudad de México por los perros bulldog, a quienes mantenían como guardianes de sus propiedades y de sus personas.

El bulldog es uno de los perros que más figura en los avisos de canes extraviados (en España eran los dogos y los perdigueros). Era un perro popular, pero sin duda de un alto costo. En los anuncios que son la columna vertebral de este trabajo, las razas de perros que se mencionan están muy lejos de ser numerosas.

Aparte del bulldog, se encuentran galgos, dogos, perdigueros, terranovas, perro pachón de caza, uno que otro San Bernardo, indefinidos "perros de presa" y "perros de casta inglesa"; así como perros de aguas, ratoneros americanos y hasta una "perrita danesa". Sobre todas estas razas predomina, sin embargo, la de los perros chihuahua. Los perros "poblanos" se mencionan con relativa frecuencia, y son descritos de manera semejante: ejemplares pequeños, "finos", de pelo largo y suave, generalmente con manchas y ojos negros, y pelados, "como es común, de medio cuerpo abajo". La primera referencia documentada en este trabajo data de 1806; conforme nos adentramos en el siglo XIX, los llamados perros poblanos ya casi no están presentes. Uno de los últimos insertos donde se los menciona es este, que publicó *El Monitor Republicano* el 27 de abril de 1876:

> ¡GRATIFICACION! En la mañana del lunes 17 del presente Abril, se ha extraviado una perra de raza poblana, de pelo bastante chino, color gris, con una mancha negra en el lomo, orejas largas y con medio cuerpo pelado, que entiende por el nombre de Civinda. La persona que la entregue en la calle de San Felipe de Jesús núm. 6, recibirá una gratificación.

Llama la atención que se aluda a estos perros como raza, ¿pero qué tipo de raza es ésta? Con el propósito de responder esta interrogante, consultamos a especialistas de la Federación Canófila Mexicana y de la revista *Perros de México*, en todos los casos dijeron que era la primera vez que escuchaban hablar de esta raza, misma que no se encontraba entre sus registros; los registros de razas de perros de la Federación Canófila Mexicana parten de 1942. Con algunas descripciones de perros poblanos en la mano, quisieron encontrar semejanzas entre este ejemplar y el schnauzer, o con una raza conocida como "perro crestado", de origen chino, de compañía, pequeño, con crestas o mechonas de pelo en las patas ("calcetines"), en la cabeza y la cola. También supusieron que podía tratarse de una variedad de perro caniche. Si bien estas y otras analogías fueron descartadas. Me pregunto si existe otra manera, o si existen otras fuentes que nos permitan desentrañar el enigma del perro poblano. Quizá la pintura o la literatura de la época se encuentren entre ellas. Quién sabe. A lo mejor la respuesta a esta interrogante es más simple de lo que imaginamos.

Un último acertijo. El 13 de marzo de 1878, una persona publicó un aviso en el periódico *El Monitor Republicano*, explicando que había escapado de su casa, en la 1ra. calle del Salto del Agua número 4, "un perrito chico, de la raza que trajo á la capital el Sr. Chiarini; su color es pinto, con las orejas y círculos de los ojos negros, con una raya semicircular blanca entre las orejas". En 1864, se radicó en la ciudad de México el empresario de origen italiano Giuseppe Chiarini, quien era propietario del Gran Circo Chiarini. Él mismo colocó un aviso en el periódico *La Sociedad*, el 9 de noviembre de 1864, ofreciendo una "buena gratificación" a quien diera noticias de su perro "Chato", de la raza bulldog. Es evidente que este tipo de perro no corresponde al que se describe en el aviso anterior. Ni tampoco el señor Chiarini introdujo en México la raza bulldog. ¿Entonces de qué clase de perro estamos hablando? No obstante, aun en su ambigüedad, este simple comentario —"un perrito chico, de la raza que trajo á la capital el Sr. Chiarini"— nos da indicios sobre la manera en que arribaron ciertas razas de perros a nuestro país.

Lo cierto es que, después de todo, estoy convencido que los avisos de perros extraviados, que no tienen nada de trivial, constituyen un recurso incomparable para determinar qué razas de perros existían o predominaban en México durante los siglos XVIII y XIX. Las descripciones que se hacen de algunos de estos animales, como hemos visto, se cuentan aparte.

Ley de contribuciones sobre canales, casillas de pulque, venta de licores, carruajes, caballos y perros, del 3 de octubre de 1853

Casi al comienzo del segundo tomo de *La formación de la clase obrera en Inglaterra*, E. P. Thompson ilustra las injustas y explotadoras bases del sistema impositivo con los célebres *Assased Taxes*, impuestos que las autoridades hacendarias británicas pusieron en práctica durante la primera mitad del siglo XIX, y que gravaban las casas habitadas, los criados varones, los carruajes, los polvos para el cabello, los escudos de armas, las ventanas y los perros. Es difícil determinar si el presidente Antonio López de Santa Anna estaba al tanto de la política fiscal inglesa, pero lo cierto es que la *Ley de contribuciones sobre canales, casillas de pulque, venta de licores, carruajes, caballos y perros*, del 3 de octubre de 1853, era casi una réplica de los *Assased Taxes* de Inglaterra. La *Ley de contribuciones* de 1853, debe ser entendida como una medida recaudatoria desesperada de Antonio López de Santa Anna, ante los menguados fondos del ayuntamiento de la capital del país, abatidos por los años de hacer frente a la intervención norteamericana. El Artículo 17 de la *Ley de contribuciones* estaba dedicado exclusivamente a los perros:

> Todos los que tengan perros, bien para el resguardo de sus casas ó intereses, bien para la custodia de los ganados ú objetos que se introducen a la municipalidad, bien para la caza, ó por diversión, por gusto ó cualquier otro fin, pagarán un peso mensual por cada uno de esos animales, sea cual fuere su clase, tamaño ó condición, exceptuándose únicamente aquellos que sirven de diestro a los ciegos. El ministerio de gobernación expedirá el reglamento respectivo, estableciendo los términos del pago, las penas, que consistirán en la pérdida ó muerte de los animales, ó en multas hasta de veinte pesos por cada infracción, y comprendiendo las reglas administrativas y de policía que aseguren el buen éxito de esta contribución, que se causará en todos los puntos a que alcance el alumbrado.

El decreto del presidente provocó diversas reacciones entre los propietarios de estos animales. Algunas personas lo consideraron arbitrario, toda vez que, decían, tenían perros no por lujo sino por necesidad, para que resguardaran su integridad y sus posesiones; otras no se opusieron a la medida, aunque la tarifa les pareció elevada: pidieron reducir la contribución que debían pagar. Un comunicado del 24 de octubre de 1853, publicado en el periódico *El Siglo Diez y Nueve*, dice, al respecto, lo siguiente:

> PERROS. Varios vecinos de esta capital han dirigido una esposición al supremo gobierno, pidiendo se modifique el impuesto sobre perros, reduciéndose á cuatro reales el mácsimun, y á medio real el mínimun de la contribución mensual.

El decreto del presidente Antonio López de Santa Anna, probablemente originó que muchos perros "útiles" o domésticos fueran echados a la calle. Por fortuna, tuvo una vida corta, ya que fue derogado durante el breve mandato del general conservador Rómulo Díaz de la Vega (12 de septiembre-4 de octubre de 1855). Hubo una época, en fin, en que mientras a los perros vagabundos se los perseguía y sacrificaba, a otros, los de casa, considerados por la autoridad objetos de lujo, se los cargaba con impuestos.

Manuel Payno y la matanza de perros callejeros

Hoy en día, en muchas partes del mundo, el número de perros que vaga por las calles es considerablemente superior de los que tienen un techo permanente y disfrutan de todo tipo de comodidades. Aunque no existen padrones de perros domésticos para el siglo XIX, hablando de la ciudad de México, es posible sostener que su número era infinitamente inferior al de los perros callejeros que inundaban la metrópoli y sus arrabales. Los perros extraviados que se trataba de localizar a través de los avisos publicados en los diarios, eran una minoría comparados con los perros sin dueño. Basta consultar el volumen Matanza de perros, 1703-1903, que resguarda el Archivo Histórico de la Ciudad de México, para percatarnos de esta gran diferencia. Casi todos los expedientes que conforman este legajo, se refieren al número de perros callejeros sacrificados por los guardas del alumbrado semana por semana y mes por mes, y a las raciones de carne envenenada para su exterminio. En 1819, los guardas del alumbrado o serenos, sacrificaron casi dos mil perros sin hogar tan sólo en una semana, en una ciudad de México que tenía alrededor de 170 mil habitantes. Bajo el rubro "Tranquilidad Pública" o "Policía", periódicos como *El Sol*, *Águila Mexicana* o *El Correo de la Federación Mexicana*, daban cuenta de los perros callejeros exterminados en la ciudad noche por noche. Por este último periódico sabemos que la noche del 28 de mayo de 1828 se mataron 79 perros y la noche siguiente 101. De acuerdo con cada periodo se los mataba a palos, con la llamada "yerba de la Puebla" (*senecio canicida*), que era un veneno vegetal, o con estricnina; o bien, con cianuro de potasio "por el sistema de irrigación" o con ácido carbónico durante el porfiriato. Sin embargo, la capacidad de los perros de la calle para reproducirse "sin empacho alguno", hacía posible que los canes sobrevivientes a la matanza se multiplicaran en un corto periodo. Dice una crónica del periódico *El Mosquito Mexicano* de junio de 1837:

> Los perros son tantos en la ciudad, que rara es la calle en que no esté una manada de ellos, incomodando á cuantos pasan: ya porque estorban el paso; ya porque quieren morder ó ladran hasta aturdir al más sordo; y ya, en fin, por los espectáculos de obscenidad que á cada paso presentan al pudor y á la inocencia.

Por lo demás, la ciudad misma proveía de todo tipo de alimento a esos animales: con los desperdicios de los mercados y con las sobras de los consumos públicos, y hasta con los cadáveres de cerdos y caballos que eran arrojados de manera subrepticia a callejones, acequias y basureros. El 25 de mayo de 1861, el periódico *El Monitor* denunció que en la calle de Moneda, un caballo muerto había sido devorado por una partida de perros. La existencia en el Archivo Histórico del Ayuntamiento de la Ciudad de México del volumen Matanza de perros, y de los documentos sobre la misma materia resguardados tanto en este como en otros acervos, demuestra que los perros de la calle no fueron invisibles y la importancia que tuvieron para la administración española desde el comienzo de la colonia, y hasta los últimos días del régimen porfirista.

La matanza de perros está presente en la literatura. Manuel Payno se ocupó de ella en el apartado "La viña", de su novela *Los bandidos de Río Frío.* El escritor tuvo que haber consultado en el ayuntamiento de la ciudad de México, los registros de la matanza de perros y extraído las notas que le sirvieron para elaborar ese pasaje literario. Al oscurecer –dice Payno— los serenos o guardafaroles,

después de pasar revista delante del Portal de la Diputación, recibir su aceite y encender sus farolillos, armados de un grueso palo de encina se dispersaban por las calles de la ciudad y parecían un enjambre de vistosas luciérnagas; los que los observaban ir presurosos y resignados a tomar su puesto en una noche fría y lluviosa, no podían menos de concebir una cierta simpatía. Esas luciérnagas se convertían en unos animales más crueles que los que iban a matar. Hasta las once de la noche, el sereno, acurrucado en la puerta de una panadería y envuelto en su capotón azul, dormía profundamente. Concluido el teatro, cerrados los billares y cafés y retirada la gente a sus casas, quedaba el traidor enemigo de los perros dueño del campo. Dejaba su farol en medio de las cuatro esquinas, empuñaba su garrote y se deslizaba cautelosamente por las aceras. Encontraba un infeliz perro durmiendo descuidado en el quicio de una puerta, le asestaba un tremendo palo y le rompía las costillas o la cabeza. Si el animal no podía correr, el sereno se encarnizaba y lo hacía allí pedazos; si corría, le lanzaba el palo con fuerza y le quebraba una pierna; y allí, tirado, indefenso, le daba a diestro y siniestro hasta dejarlo tendido en charco de sangre. A los perros que transitaban pacíficamente en busca quizá de algún alimento que no habían encontrado en todo el día, les cabía la misma suerte; a veces solían escapar heridos y morían en los arrabales después de tres o cuatro días de sufrimientos. En varias noches se ponían de acuerdo cuatro o cinco serenos y, apoderándose de las bocacalles, se espantaban mutuamente los perros, de modo que por cualquier lado que quisieran huir, recibían terribles golpes o heridas con un lanzón corto que llamaban chuzo, y era el arma reglamentaria.

Como podemos observar, el escritor se concentra en la descripción prolija de la matanza, pero nada nos dice de los motivos que empujaban a los serenos, guardapitos o guardafaroles a realizar un trabajo de suyo tan despreciable. Por lo demás, durante los siglos XVIII y XIX, la matanza de perros callejeros no debe ser entendida como un hecho insólito o excepcional. Fue, por el contrario, un acto cotidiano al que debió acostumbrarse la mayoría de la gente; constituyó, asimismo, una tarea necesaria que alguien en particular debía ejecutar. Los documentos de archivo dejan claro que nadie, a no ser el ayuntamiento de la ciudad de México, a través de los gendarmes o de los perreros voluntarios reclutados para esta tarea, podía llevar a efecto la matanza; después, el mismo ayuntamiento la delegó a terceros bajo contrato. Los perros de la calle se convirtieron en tema de discusión en los cabildos y, en los momentos más críticos, cuando su número parecía superar al de los conglomerados humanos, en verdadero asunto de estado. El problema de los perros —perseguirlos, matarlos, enterrarlos— ocupaba un lugar en la agenda de los virreyes y en la cartera de asuntos de los gobernantes posteriores. Era un rasgo de la fisonomía de la ciudad que no se podía ocultar.

¡Nada, no hay vida más perra que la del perro callejero!, escribió Manuel Gutiérrez Nájera, cronista por excelencia de la decimonónica ciudad de México.

Nomenclatura antigua y contemporánea de las calles de la ciudad de México[*]

1. Arzobispado (Moneda).
2. Plateros (Francisco I. Madero).
3. Calle de San Bernardo (Venustiano Carranza).
4. Capuchinas (Tramo de la avenida Venustiano Carranza).
5. Calle del Ángel (Entre Isabel la Católica y Venustiano Carranza).
6. Flamencos, después Portacoeli y Mercaderes (Venustiano Carranza).
7. Calle de la Cadena (Primera y tercera de Venustiano Carranza).
8. Zuleta (Venustiano Carranza).
9. Escalerillas (República de Guatemala).
10. Hospicio de San Nicolás (República de Guatemala).
11. Calle de la Profesa (Isabel La Católica).

---

[*] Es importante aclarar que muchas calles, aparte de llevar nombres diferentes en el pasado, cambiaban de denominación de tramo en tramo.

12. Espíritu Santo y Puente del Espíritu Santo (Isabel La Católica).
13. San José el Real (Isabel La Católica).
14. Calle del Refugio (La calle llevó este nombre a la altura de las actuales Palma e Isabel La Católica).
15. Puente de Monzón, en la calle del Puente de Monzón y San Gerónimo (Isabel La Católica y San Jerónimo).
16. Coliseo Viejo, luego Tlapaleros (16 de Septiembre).
17. San Andrés (Tramo de la Calle de Tacuba).
18. Santa Clara (Continuación occidental de la Calle de Tacuba).
19. Calle de la Encarnación (Luis González Obregón).
20. Montealegre (Justo Sierra).
21. Puente de San Francisco, Calvario o Corpus Christi (Avenida Juárez).
22. Portillo de San Diego (Avenida Hidalgo).
23. Mariscala (Avenida Hidalgo).
24. Canoa (Donceles).
25. Cordobanes (Donceles).
26. Calle de don Juan Manuel (República de Uruguay).
27. Titiriteros, luego calle de Ortega (República de Uruguay).
28. Calle de Tiburcio (República de Uruguay).
29. Calle de la Estampa de Jesús (Jesús María).

30. Calle de Jesús María (Entre República de Uruguay y Venustiano Carranza).
31. Calle del Arco de San Agustín, San Felipe Neri o calle del Puente Quebrado (República de El Salvador).
32. Relox (República de Argentina).
33. Primera del Relox (Seminario).
34. Coliseo Nuevo (Bolívar).
35. Vergara (Bolívar).
36. Calle de las Ratas (Bolívar).
37. Colegio de Niñas (4ta. de Bolívar).
38. Callejón de Frías (Probablemente, entre la calle 5ta. norte y 4ta. sur de Bolívar).
39. Callejón de la Alcaicería (5 de Mayo y Tacuba).
40. Calle del Factor (1ra. y 2da. calle de Allende).
41. Indio Triste (1ra. y 2da. de Correo Mayor y 1ra. del Carmen).
42. Del Factor (Correo Mayor).
43. Estampa de Balvanera (Correo Mayor).
44. Calle de la Cruz Verde (Esquina ubicada entre las calles de Correo Mayor y Regina).
45. Calle de San Felipe de Jesús (Regina).
46. Perpetua (República de Venezuela).
47. Monterilla (5 de Febrero).
48. Necatitlán (5 de Febrero).
49. Aduana Vieja (5 de Febrero).
50. Dolores (República de Cuba).
51. Medinas (República de Cuba).

52. Callejón del Espíritu Santo (Motolinía).
53. Machincuepa (Soledad).
54. Meleros (Corregidora).
55. Puente de la Leña (Corregidora).
56. Portal de Mercaderes (Monte de Piedad).
57. Portal de las Flores (Plaza de la Constitución).
58. Rastro (José María Pino Suárez).
59. Calle del Sapo (Victoria).
60. Vanegas (Entre Mixcalco y República de Guatemala).
61. Santa Catarina (República de Brasil).
62. Cuadrante de Santa Catarina (República de Nicaragua).
63. Puerta Falsa de Santo Domingo (República de Perú).
64. Calle del Puente de la Aduana (Entre República de Brasil y la Plaza de Santo Domingo).
65. Calle de las Cocheras, luego de Chiconautla (República de Colombia).
66. Calle de los Rebeldes (Artículo 123).
67. Nuevo México (Artículo 123).
68. Callejón de Betlemitas (Xicoténcatl).
69. Calle de la Amargura (República de Honduras).
70. Calle del Venero (Mesones).
71. Lo que hoy en día conocemos como calle República de Chile, durante 59 años, de 1869 a 1928, se llamó calle del Esclavo, cuyo origen del nombre es incierto.

72. Calle del Puente de los Gallos o simplemente de los Gallos (Calle situada a espaldas de la iglesia de la Santa Veracruz).

73. Calle de la Estampa de San Diego (Dr. Mora, al extremo poniente de la Alameda Central).

74. Calle de Santa Isabel, luego Teatro Nacional (Eje Central).

75. Callejón de Santa Efigenia, "que de la calle de la Merced sale á el puente de la Leña" (Calle de la Alhóndiga).

76. Calle de San Juan (Calles del Buen Tono y Ernesto Pugibet).

77. Hospital Real de Naturales (Estuvo en la esquina de la avenida San Juan de Letrán y Artículo 123).